德國讀心大師——**托爾斯登·哈芬納**

80萬人都說讚的史上最強讀心術！

26個關鍵練習，讓朋友更愛你、情人跟定你、客戶買你帳、老闆對你另眼相看！

我知道你在想什麼

ICH WEISS, WAS DU DENKST
THORSTEN HAVENER

姬健梅——譯

獻給我親愛的哥哥——
克里斯提昂

前言——

我知道你在想什麼

一切都開始於一九八六年四月十二日——從那一天起，再也沒有什麼跟從前一樣，我的人生就此改變。那一天，我哥哥克里斯提昂在跳傘時意外身亡……

幾個星期之後，在整理他的房間時，我湊巧發現了幾樣變魔術的道具，那是克里斯提昂幾年前買的。他並不是個愛表演的人，可是魔術一向吸引他，因此他在這方面下過一點功夫，只不過往往很快就放棄了，因為他不喜歡站在觀眾面前。我的個性則跟他不同，從小便喜歡在人前表演。六歲時我就有了第一次表演的機會，在一場婚禮上講笑話，直到今天我仍然清楚記得那次演出。

當我站在哥哥房裡，手裡拿著他的魔術道具那一刻，某件事在我身上發生了！我感到自己立刻被迷住了，當下燃起了對於魔術的熱情。藉由這些道具，我得以溜進一個沒有邊際的世界，一個只屬於我的夢幻國度，而只要我願意，我也可以和別人分享。在極短的時間內，我對魔術的喜愛就發展成為真正的嗜好。魔術世界裡的無限可能性令我著迷，我把零用錢全拿去買魔術道具，有時一整個星期都迫不及待地等著收到從慕尼黑或漢堡寄來的包裹，裡面就是我訂購的道具，等包裹終於寄達，我就把自己關在房間裡練習。順帶一提，當年那些來自慕尼黑的包裹都是由我現在的太太郵寄的，因為她當時替我最喜歡的那家郵購公司工作。許多年後，我跟她在一場魔術大會上相識，從此我們就成了一對。

就這樣，一九八六年成為我生命中最重要的一年，在接下來那幾個月裡，我吸收了重要的知識，並且認識了無可取代的人。那年夏天，我跟一群青少年去法國旅行，帶隊的正好是喜歡玩魔術的約爾格．羅特，我們立刻成了朋友，交換彼此玩魔術的經驗。我從他那兒學到了很多，那年十二月，我就和他一起在某個教區的聖誕慶祝活動中同台演出，那是我頭一次在別人面前表演魔術。一切都出乎意料地順利，從那一天起，我就明白自己將來想把魔術當成職業。

在那之後，我出門旅行就只懷著一個目的：得知更多有關魔術這門藝術的奧秘。例如在紐約，我把存下來的錢全拿去買魔術用品，靠著爸爸的幫忙偷偷運回德國。第一次去維也納時，我把時間全都耗在一家叫「維也納魔術」的魔術用品店裡，只不過當時我還不懂得該如何選擇魔術手法，就只是一股腦地買下所有我買得起的材料，其中包括一個錢包，一打開就會有火噴出來。我從不曾表演過這個魔術，但在旅館房間裡練習時卻引發了火警警報，害得全體房客不得不在夜裡驚慌地逃離房間，只因為我嘗試了一個小小的魔術。

在這段期間，我不管走到哪兒都在玩魔術，無論是在非洲的叢林裡，還是在塞席爾群島的一座小島上。其他事情對我來說都不重要，我總算有了一項能夠令人佩服的本事，因此也花了很多精神在這個嗜好上。一九八七年，母親帶我一起飛往加州，我之所以同行只是因為她參加的旅行團會順道前往拉斯維加斯，而我一心想去看「齊格菲與羅伊魔術秀」。只不過我事先並不知道，當年在美國若未年滿二十一歲又沒有成年人陪同，在賭城就連點一杯柳橙汁都有問題。

因此，我很無奈地得知導遊根本連想都不敢想要帶我去看一場夜間表演——不過事情後來的發展完全不同，稍後將會敘述。旅行的第二天，我到了舊金山才得知自己將錯過這些精采節目，錯過我此行唯一的目的，沮喪之餘，我把所有錢都花在漁人碼頭的一家魔術用品店裡，買下了幾樣最重要的道具，這些道具將在我整個中學時代和大學初期的表演中派上用場。後來我母親想出了一個能把我偷偷帶進去看表演的妙計，她說：「我們把你化妝得老一點。」接著她便動手替我化妝，又說如果我扮成女人的話，會更有說服力。我立刻就明白這一點也不難，當時我留著及肩長髮，還沒長鬍子，同團的人之中，十有六、七本來就不確定我是男是女。各位可以看出我狂熱到了什麼地步，我還真的同意了這個計畫：「好，就這麼辦！」於是我化了妝，穿上高跟鞋和晚禮服，挽著皮包走到會場入口，而計畫也成功了——我可以看那場魔術秀了！那場表演很棒，完全值得我如此大費周章。

許多年後，我把這個故事告訴齊格菲，他一樂之下，立刻請我抽了一根雪茄以示友誼。幸好在賭城那場表演之後，我再也不必使用這種伎倆，而那次變裝也沒有對我造成什麼長期傷害。四年後，我以托爾斯登．哈芬納的身分再次前往拉斯維加斯，去觀賞魔術師大衛的表演，他是我少年時代的偶像。那次經驗給了我很大的啟發，因為一直以來他都是我的榜樣，而他的技巧對我有很大的影響。

還在念中學時，我就在數不清的場合表演過，包括生日派對、社團慶祝活動、夏令節慶、婚禮、城市慶典或學校慶祝活動等，演出讓酒瓶和桌子飄浮在半空中的魔術。我當時的演出內容已經涵蓋了魔術中的經典戲碼，諸如把圓圈套在一起再解開，讓小球出現在指間又消失等，再配上平克佛洛伊德、史提夫米勒、史汀和瑪丹娜的音樂。九〇年代時，我甚至參加了魔術比賽，在法國魔術大賽「一般魔術組」獲得冠軍。記得當時我跟女友（如今已成為我太太）一起到羅亞爾河畔的古城圖爾，投宿在一家現代感十足的塑膠旅館裡，只為了去參加那場比賽。

各位想必以為中學時代的我好像只想成為魔術師，其實並不盡然，因為我本來也想成為樂手，可是我所屬的學生樂團「萊恩哈德和無能的業餘高爾夫球員」所哼唱的音樂，遠不如我的魔術表演那麼成功。至於原因是在樂團的名字，還是我們對音樂的詮釋，這一點至今仍無定論。

促使我走上如今生涯最重要的轉捩點是上大學的時候，我讀的是「應用語言學與口筆譯系」。還在念中學時，認真學魔術的我就已對魔術的相關領域有所涉獵，包括催眠、肢體語言、轉移注意力的技巧和神秘學等。我對這些主題真的很感興趣，但讓我終於豁然領悟的是在加州念蒙特瑞國際研究學院時——說得更準確一點，是有一天在做口譯練習的時候。從某一刻開始，我發現自己能夠預知對方接下來要說些什麼，而且本能地可以預測他接下來會談到哪個主題。從那時起，我就一直有種感覺，覺得自己跟正在發生的事很接近，比以前要近得多，彷佛自己正置身於所發生的事情之中——我能夠仰賴自己的心靈感應！這是我人生中第二個轉捩點，發生在一九九八年春天。

由於想把這種能力在表演時呈現給觀眾，我便在下一次的登台演出時付諸實行。我請一位觀眾在心裡想著一個他很喜愛的人，接著直截了當地告訴他，他想的是他的女兒，名叫莎賓娜。那人聽了之後全身發抖，額上出現豆大的汗珠。在此之前，我所表演的傳統魔術手法從不曾在觀眾身上引發過類似的反應。這次的經驗促使我決定放棄傳統的魔術，全心投入「讀心術」。

一再有人問我：「哈芬納先生，你到底是怎麼做到的？」這種好奇很合理，然而可想而知，我全部的職業資產就在答案裡。不過，由於大家提出這個問題的次數太過頻繁，過了一段時間以後，我開始考慮自己是否應該向大眾揭露幾種重要的技巧，寫作本書的念頭就此誕生：我將允許讀者一窺我心智儀器的工具清單。我可以說明哪些方法不僅適用於舞台上，也能活用在日常生活中；此外，我也可以談談自己到目前為止是如何使用這些方法，在運用時有過什麼樣的經驗。這些就是各位將在本書中讀到的內容。等到各位具備了有效觀察、思考和評估的基礎能力，或許就能一步步地察覺別人心中所想，跟我一樣。

我想說的是，我的命運在一九八六年四月十二日就已經注定了。假如我哥哥不曾買下那幾件魔術道具，我人生的發展肯定會截然不同。因此，我要把這本書獻給哥哥克里斯提昂——我很想念你。

托爾斯登・哈芬納

二〇〇八年十一月於慕尼黑

目錄

CONTENTS

前言——我知道你在想什麼 005

第1章
你認為世界是什麼樣子，它就是什麼樣子

●讀心練習：瞭解你的感知 020
●讀心練習：期望與現實 027
第一印象 031
●讀心練習：多留意細節 036
事情就是表面上看起來那樣 038

第2章

心裡在想什麼，身體會洩露

● 讀心練習：椅子變輕了 045
● 讀心練習：檸檬的滋味 046
● 讀心練習：讀出別人的念頭 052

心念引導身體 055

● 讀心練習：手錶的觀察 058
● 讀心練習：眼睛會說話 064
● 讀心練習：他的眼睛怎麼說？ 069
● 讀心練習：從眼睛讀出對方的念頭 072
● 讀心練習：張開嘴巴做心算 085
● 讀心練習：是敵人還是朋友？ 090
● 讀心練習：照鏡子 092
● 讀心練習：硬幣透露的秘密 093

身體引導著心智 119

● 讀心練習：繃緊和放鬆 122

目錄
CONTENTS

第3章

用心念影響世界

自我暗示的力量 129
● 讀心練習：深谷上的木板 130
● 讀心練習：朝氣與能量 131
● 讀心練習：巴夫實驗 137
他人暗示的力量 141
● 讀心練習：牛奶變酸了？ 145
● 讀心練習：麥吉爾法則 147
語言創造出現實 150
● 讀心練習：言語控制的四大步驟 174
戳破假象 180
● 讀心練習：直覺測驗 185

第4章

心靈訓練沒有界限

集中力量 211
・讀心練習：自律訓練法 212
在阿爾發狀態中，做視覺想像 215
・讀心練習：減少恐懼 217
改變過去 219
・讀心練習：回憶體驗 221

第5章

把握當下的力量

・讀心練習：成功的七十二小時法則 228

第6章

事情的可能性遠超過你的想像

結語——原來你是這麼想 239

第1章

你認為世界是什麼樣子，它就是什麼樣子

我在大學念的科系「口筆譯」很有意思，也帶給我很多樂趣。我有機會每天仔細觀察同一批人演講，這對我而言很重要，因為身為未來的口譯員，我的任務就在於把這些演說翻譯成另一種語言，諸如英文、法文或是德文。

這一份工作需要全神貫注，也需要迅速的理解力。幾個學期之後，我自然而然地熟悉了每一位演講者的特徵，很清楚每個人在台上的樣子，例如：他是否喜歡抖腳，說話時是否會用手指梳理頭髮，緊張時是否會不安地東張西望……諸如此類。

有一天，我故意決定減少去注意對方說了些什麼，而多去注意他說話的「方式」。

由於喜歡玩魔術，我早已成為極佳的觀察者。我還清楚記得有一回坐在口譯廂裡，頭一次只靠著凝神注視對方而發現他即將切換主題。只要留心正確的訊號，我就可能抓出這一瞬！前面提過，一九九八年我在加州念書時意識到了這個現象，可是，這對我和我的工作有什麼意義？而從這個現象中，又能導出哪些一般性的認知？從那以後，我就一直在思索這些問題。

在讀了許多探討心理學與大腦研究之間關聯的資料後，我明白了，原來現在我所察覺到的這些訊號，其實從前就已經接收到了，只是我沒有去注意。每個人都有一些特徵，能揭露他這個人和他的思考方式，只是以前我從未刻意留心這些細節，所以它們對我來說就像不存在，然而，並不表示這些訊息過去沒有被發送出來！

從某個時刻開始，我更加專注於那些從前自己沒能看見的部分；而之所以沒看見，是由於我所選擇的觀察事物的角度不同。

隨著改變了觀看現實的方式，如今我能看出現實的許多面向，而許多人通常都忽略了這些面向，沒有去加以評估。

有句話說：「錢就躺在街上，你只需要把它撿起來。」

注視與感知也是如此，我們只需要將它們導向正確的目標。

讀心練習

瞭解你的感知

請花三十秒看看你此刻所處的地方，再花三十秒來記住你看見了幾件藍色的物品，然後再繼續往下讀。

你看見了很多藍色的物品嗎？很好，現在請說出位於此處的三件綠色物品，但你不能再一次四處張望。

看吧！你太過專注於一件事物，而使得你看不見其他的東西——雖然它們也存在！事情就是這麼簡單，由於那些我們視而不見的東西轉眼就會被忘記，因此，許多事物沒有進入我們的意識中。現在請讀下面這段文字：

「在受試者當中，百分之七十五點二的人都記不得那個準確的數字，當我們請受試者在讀完這段話時說出此段開頭的那個百分比，但要求他們不得從頭再讀的時候，可以發現這個情形。」

你的狀況又是如何呢？

我覺得我們年紀越大，對事情的觀察越不仔細，我的孩子卻能看見身邊不可思議的事物，不斷嘗試去改變物品的用途。長大成人之後，我們不再這麼做了，一旦辨識出某樣東西，就把它依照自己的經驗來調整，這樣一來，所察覺到的往往並非那件事物原本的面貌，而是透過完全屬於個人的濾鏡塑造出我們自己的世界。看了下面這段文字，你就會明白我的意思：

「你多半也知道這項研究，該研究指出，字母的排列順序對我們來說不再重要，只要頭幾個字母和最後幾個字母正確就夠了。由於我們經常看見這些字，所以會憑著經驗調整排列錯誤的字母，這些字的正確意義就會自動在我們腦中浮現……」

你看：經驗會決定你看見了什麼！不但有大量的資訊根本不曾被我們有意識地接收，許多細節還被我們過濾掉了，因為我們試圖藉由現有的知識（至少是自認已有的知識）來補充現實的不足，甚至使它更完美，希望一切都符合自己的期待。這種揀選雖然給人一種負面的印象，卻十分重要，因為假如不做揀選，如雪崩般湧來的訊息就會將我們淹沒。

在這一點上，感官會一再欺騙我們，因為不管是視覺、嗅覺、觸覺、味覺還是感覺，我們永遠無法同時注意到所有的面向，這是人類的天性。舉例來說，眼睛必須在只有兩度空間的視網膜上塑造出三度空間的世界，許多資訊在這個過程中就已經流失了。然而，我們的視覺器官每秒鐘仍舊吸收了大約一GB的資訊，這個數量很驚人，大約相當於五十萬頁書籍的電腦檔案。為了從中讀出對我們來說最重要的基本資訊，因此必須加以揀選，而我們能夠刻意加以揀選的程度其實也很有限。

喬治．米勒（George A. Miller）在〈神奇的數字七加減二：人類處理訊息的能力所受到之限制〉文中指出，一般人一次只能注意到七個訊息單位，有些人少一點，只能注意到五個（七減二），有些人多一點，可以注意到九個（七加二）。

一旦超出這個範圍，我們就覺得不勝負荷，開始在辨認事物時出錯，並且自動對吸收不了的訊息視而不見，這種反應可說是為了保護自己。

舉個例子：1726404這組數字你大概看過一次就能正確記住，可是要記住172640485這組數字就困難得多，因為每一個新增的阿拉伯數字都是一個新的訊息單位。不過，如果你把第二組數字分成三個訊息單位，每個單位各有三個阿拉伯數字，要記住就比較容易：172 640 485。你看出來了嗎？不知你是否有過這樣的經驗，別人把一個你熟悉的電話號碼用你不熟悉的訊息單位來表示，結果使你無法立刻認出這個號碼。例如：你習慣以下列的數字組合來唸出你的電話號碼：「7 444 27 66」，而對方說：「喔，我知道了，是744 42 76 6。」在這種情況下，你必須把原本很熟悉的號碼再轉換成原來的數字組合，才能核對號碼是否正確，因為這些數字不是以你所熟悉的方式出現。改變別人熟悉的訊息組合方式會讓對方很傷腦筋。此外，訊息單位的數量一旦超過五到九個，我們就無法再正確去處理。訊息數量過多在我們身上產生的作用非常有效，這個技巧甚至被用來導入做催眠。

因此，為了生存，我們必須不斷過濾出對自己來說有意義的訊息。當然，過濾的方式也可能改變，有時這種改變會自然而然地發生，例如：當你想買一部新車時，一旦選定了某一款車型之後，你就突然看見路上到處都是這款車子。然而這款汽車出現的頻率並沒有比以前高，只不過是你過濾訊息的方式改變了，因為你突然對這款車子更感興趣。這種對訊息的選擇性吸收運作起來十分可靠，如果你行駛在一座陌生城市的馬路上，你就會發現在千百個車牌當中，最先落入你眼簾的總是那些來自你家鄉的車牌。

同樣的現象在我們跟別人溝通時也會出現。假設你在一場派對上，暫時獨自站在一邊，你聽見身邊嘰嘰喳喳的說話聲，但是並沒有特別在聽誰講話。突然，屋裡某處有人提到你的名字，很可能你立刻在身邊嘈雜的人聲中準確地聽出了這幾個字，因為你已經太習慣對自己的名字起反應。之所以會這樣，也是由於我們在朝自己發送過來的所有訊息中只能接收幾個，也只想接收幾個，於是不得不做出特定的選擇。

關於這一點，幾年前我有過一次親身經驗。我跟妻子一起去外地出差，在一場晚會上，我們跟另外十二個人同桌而坐。大廳裡有好幾百人，人聲喧嘩，所以每個人實際上只能跟坐在隔壁的人交談，可是突然之間，我們這一桌安靜了下來，一聲不吭。大家之所以停止談話，是因為坐在我旁邊的人剛剛問了我一句：「我可以問你一個私人問題嗎？」他無意間使用了一種高明的技巧，能夠立刻吸引在場所有人的注意！在第三章裡，我還會針對這種技巧做進一步的說明。由於我們從經驗中得知，在這樣一句開場白之後，接下來很可能會出現非常有趣的訊息，因此我們的期待也就相對提高。順帶一提，坐在我旁邊的那個人後來並沒有提出那個真正的問題。

這也就是說，透過經驗，我們會對周遭環境產生期待，並且指望這些期待會按照我們所習慣的方式實現，亦即「你認為世界是什麼樣子，它就是什麼樣子」。這個認知十分重要，一項研究證明了，這種現象甚至能對身體產生作用。

在這項研究中，一家旅館裡體重過重的女服務生被分成兩組，有人向其中一組報導了一項科學研究，說打掃房間就跟做運動一樣消耗體力，因此光是藉由打掃旅館房間就可以減重。至於另外一組服務生，則沒有人向她們提起這件事。結果三個星期以後，那組以為打掃等同於運動的受試者幾乎全都減輕了重量，然而她們並沒有改變生活習慣！另外一組的受試者則並未減輕重量。這個結果證明了那位科學家的說法：「那些服務生預期自己的重量會減輕，於是這個效果就真的發生了。」

此外，內心的期望也會強烈影響我們對別人的看法。如果一個人被介紹為十分成功且重要，他給人的印象就會不同，在人們身上引起的反應也會不同。我們立刻會不自覺地竭盡所能來讓他的形象符合自己的期望。科學研究也已證實了這個現象，對方的手勢或表情中極其細微的訊號，就足以讓我們產生這類行為。

舉個例子：一位老師被告知，有一組隨機選出的學生智力高於班上其他學生。結果到了學年結束時，那一組學生的分數要比其他的同學高得多！老師對這一組學生有更高的期望，在打分數的時候也就更為寬鬆，很可能老師對這一組學生更加寬容，也可能會用不同的語氣跟他們說話。事實是，這一組學生單是透過老師的期望就有了改變！也就是說，不管我們有什麼樣的看法，都能為自己的看法找到證據。關於這一點，在關於「暗示」的那一章，我還會再深入探討。

我們的文化、經驗、感官和期望使得這個世界對我們來說獨一無二。因此，每個人眼中的世界都不相同。之前已經說過，我們認為世界是什麼樣子，它就是什麼樣子，不過期望也可能會捉弄我們，那就是當環境有所改變而違反了我們的期望，或是當我們的期望根本就是錯的時候！

讀心練習

期望與現實

請閱讀下面這幾個句子：

這

是本

本有趣的書

這

是熱石頭上

上的水滴

托爾斯登

哈芬納是那個

那個讀心的人

怎麼樣，你一眼就看見那些重複的字了嗎？大多數的人可能並沒有看見。這很正常，因為依照我們的知識和經驗，已經預知這些句子會怎麼結束，所以就沒有仔細去留意紙上到底寫了些什麼。我們遵循著多年來已經內化了的模式，很難擺脫其影響。

請注視左方這個英文字，試著不要去讀：

Thought

很可能你做不到。看到依照有意義的順序排列的字母，我們就會讀成一個字，這種經驗甚至比我們對於顏色的感知還要深刻。

請把左方的字塗成那個字所表示的顏色，接著不要讀出所印的字，而是讀出這些字被塗成的顏色。請享受著色的樂趣，儘可能大聲而且快速地把這些字的顏色說出來。

黃紅
紅黃
綠紅

現在再來一次。請把這幾個字由左到右依序塗成紅、黃、紅（上排），以及黑、黃、黑（下排）。現在請再次大聲唸出這幾個字被塗成的顏色，而不是字本身所代表的顏色。

綠黃
紅綠
藍紅

由這個練習可知，透過習慣和經驗，我們深陷於舊有的思考模式之中，很難擺脫。我們的確可能看見事物真正的樣子，而非我們所認為的樣子，但是這並不容易。

第一印象

很明顯，我們的期望導致我們以某種既定模式思考。在前文中各位已經明白，要擺脫這種既定的習慣十分困難，因此別人給我們的第一印象才會這麼深刻，而看法一旦形成了，就很難改變。

如果請你想像一個薪資優渥的人，在你腦中浮現的影像多半不會是發福的老年人，而可能是個三十五歲到四十五歲之間的經理人，體格經過鍛鍊，修飾得宜，穿著剪裁極佳的西裝。只有極少數人會想像一位身穿套裝、身材結實的年輕小姐，為什麼呢？這也跟我們的經驗和期望有關。根據研究，我們會把特定的性格特徵跟不同的外表類型連結在一起。例如，胖胖的人會讓我們聯想到個性溫暖、富同情心、平易近人；而比起極端瘦削的人，肌肉發達的人看起來似乎更喜歡冒險、意志更堅強且更有紀律。

就這樣，一個人的外在形象必然會決定他給我們的第一印象。要等到我們在心中留下他的外在形貌之後，才會去注意對方的其他特徵，像是表情、手勢或聲調。有時候這會改變我們對他的評估，但是第一印象很難改變！對於該如何穿著打扮，每個人都有自己的想法，就算有人一點也不在乎，穿棕色外套配藍長褲，再配上粉紅與橙色條紋的襯衫，在某種程度上也還是能反映出這個人的性格。既然如此，那麼各位也許會問：到底要怎麼穿才能給人正確的印象呢？

這全看你想給別人什麼印象而定。舉例來說，如果你希望別人認為你擁有很高的社會地位，那麼你就要穿得比其他人更好。不過，你也必須要能配合實際的場合而有所變化。在一場派對上，你絕對不希望自己是唯一身穿西裝或套裝的人；而在正式場合中，當其他人全都打領帶或穿著高級服飾，你也不會希望自己是唯一穿牛仔褲的人。以參加派對來說，如果希望別人視你為上流人士的話，也許你該選擇高級的休閒服飾。在商場上，如果你希望顯得最有權力，那麼就該穿得比其他人都好。請注意這裡所談的只是外表，儘管如此，外表卻無疑會起作用。如果你穿得比主管還要好，他也許會注意到，而將你視為潛在的對手。若不希望他這麼想，那麼你的衣著就不該比你主管的更高級。

我們可以藉由別人的外在形象來得知一些關於他的事，同樣地，一個人也可以藉外表來左右自己的形象。首先要注意細節：衣服的質料如何？已經磨舊了還是保持得很好？他戴著首飾嗎？戴了多少呢？他手上戴著婚戒嗎？鞋子樣式新穎嗎？還是老舊而且沒擦乾淨？設法暗中打量對方，因為誰也不喜歡被人盯著看。

當一名觀眾走上舞台來到我面前，我會仔細留意這些細節，設法勾勒出對方的形象。這位來劇場看我表演的觀眾是否穿著西裝？還是穿著牛仔褲和運動鞋？握手打招呼時，我首先注意對方的手，手的皮膚是光滑還是粗糙？保養得宜的手表示對方可能是坐辦公桌的，在一家公司或事務所上班，也許是醫生、律師或在銀行工作。至少，指甲修得很整齊的人不會是從事勞力工作的。然而，坐辦公桌的人仍然可能有雙粗糙的手或手上長繭，那麼你可以推測他在休閒時間喜歡做手工，或是從事舉重、攀岩、打高爾夫、釣魚之類的運動。關於這一點，也可以從他的體型來判斷。對方一個字也不必說，你就已經對他略有所知。

此外，皮膚沾染的顏色也能提供有用的線索。看看對方食指和中指的最上面一截：抽菸抽得凶的人這裡會有黃色的斑點。泛黃的手表示對方的肝膽功能也許有問題，在這種情況下，他也許容易精神不濟，或是容易激動。雙手蒼白的人往往患有貧血，因此疲倦而懶散；相反地，雙手泛紅的人通常易怒且強壯。不過要注意，雙手泛紅，也可能是因為那個人剛從寒冷的室外進入溫暖的室內。手掌上的紅斑表示他也許飲酒過量。但是請小心，我們很容易做出錯誤的推論，所以請謹慎評估所有的線索。

一個人所戴的首飾也能透露出許多事：他戴的項鍊墜子上有沒有刻著姓名縮寫或名字？他是否戴著婚戒？也許還戴著一個徽章戒指，上面有他姓氏的第一個字母？他戴著什麼樣的手錶？勞力士？還是Swatch？勞力士是真品嗎？還是來自土耳其的便宜貨？要做出判斷會越來越難，不過，我們通常可以從一個人外表的其餘部分看出他是否會花幾萬元去買一支錶，還是像這樣的手錶根本不符合他的風格。提供各位一個訣竅，記得也看看對方的鞋子。鞋子髒嗎？還是根本是便宜的人造皮做的？那麼那支錶大概也不會是真品。

從鑰匙圈的吊牌上往往可以讀出汽車所屬的廠牌，許多員工所帶的鑰匙圈上也會印著公司標誌，有些喜歡打高爾夫的人，鑰匙圈上會有一顆高爾夫球。對方是否穿著新西裝？還是手肘處已經磨亮了？如果一位女士打開手提袋，你不妨朝裡面偷偷瞄一眼。她帶著名牌化妝品嗎？還是一件給小孩玩的小玩具或奶嘴？藉由這些小東西，你可以得知一些有關對方的事，連一句話也不必說！

我最近一次演出時，一位站到舞台上來的女士身上有個明顯的特徵：她脖子上有一塊地方的皮膚顏色比較深，這塊斑點是橢圓形的，從脖子中央延伸到左側。注意到這一點之後，我就打量她的左手，一如預期，她的手保養得很好，指甲剪得很短。我立刻推斷：這位女士演奏小提琴。但我沒有直截了當地說：「妳演奏小提琴。」而決定以更引人注目的方式來透露這個訊息，於是我說：「妳懂得欣賞生命中美好的事物，對文化和藝文活動感興趣。」凡是受過良好教育的女士都不會否認這一點！接著我說：「妳喜歡和諧。」古典音樂大多是和諧的，再說也不會有哪位女士聽到這句話之後搖頭。我又說：「妳不只是被動地享受文化，而也想有所創造，想主動從事藝術活動。在文學、繪畫、戲劇和其他所有的藝術當中，妳選擇了音樂。」這番話也說中了。

這時候那位女士其實可以否認，畢竟我並不能完全確定。假如她否認了，事情也並不太糟，我可以依計畫繼續實驗下去。由於她沒有否認，所以我就再強調我想到的是莫札特、巴哈和貝多芬（他們三位都寫過小提琴協奏曲），說我推測她演奏小提琴。全場觀眾都很吃驚，因為我知道了一件我本來不可能會曉得的事！儘管如此，我卻知道了，因為我善於觀察。

讀心練習

多留意細節

你該隨時注意的地方包括：

- 講話的方式：他說話注意遣詞用字嗎？還是很口語化？他有口音嗎？
- 舉止：比起一般人，位高權重的人一舉一動通常較有威嚴，也較緩慢。
- 體格：體能好、經常鍛鍊身體的人總是不停在活動，他們很可能寧願把晚上的時間用來從事自己的嗜好，而不會坐在電視機前。因此，他們多半不會知道所有的連續劇和電視節目。注意對方身上肌肉分佈的情形，他是打網球呢？還是跳舞？
- 身上的配飾：對方身上有象徵基督教的飾物嗎？像是掛在頸上的十字架，或是其他洩露出宗教信仰的東西？鼻環之類的東西又說明了什麼？

結論：你自己的情形又是如何呢？請檢視一下你的舉止，問自己同樣的問題，讓你在面對周遭環境時變得更敏銳。

這只是幾個小例子。只要稍加訓練，你就會注意到許多事情能洩露出對方的身分。你只需要持續培養自己的觀察能力，相信自己的「第一印象」，第一印象幾乎總是對的。儘管如此，各位還是要記得，這些小細節能說出的事情有限。我們無法根據這些外表上的小地方來斷定一個人的性格，因為奇裝異服或是穿著很差的人也可能具有很高的社會地位，而且既聰明又成功。

外表永遠只能顯露出一個人的某一面，至於別人的外表會給你什麼感覺，這也完全見仁見智。一個人的個性是否可親可愛，從外表上還無法判斷，而且你隨時可能會發現相互矛盾之處，得依靠細膩的感覺來判斷。不過，要讓別人有良好的第一印象，這些觀察還是可以對你大有幫助。即使這只涉及外表，而且凡事都有例外，但在大多數情況下，第一印象就足以讓人做出正確的推測。學習運用理解力和同理心來下判斷，你就能藉由仔細的觀察，不斷改善你的識人能力！

事情就是表面上看起來那樣

在前面的內容中已經提到，我們如何透過自己的思想有目的地理解周遭的事物，也透過同樣的方式疏忽了許多地方。世界永遠如我們所想，倘若只專注於身邊所發生的壞事，我們就會認為世界是眾惡之源，要是能夠看見生活中美好的一面，我們就會快樂得多。也就是說，既然世界就像你所認為的一樣，那麼你大可以選擇你對世界的想法。

很多事情我們無法去改變，但是，我們永遠可以選擇以正面的態度來回應，例如：

- 我老是為了前方的汽車駕駛而生氣嗎？還是不管發生了什麼事，我都能保持冷靜？當然，能始終保持冷靜已經是進階程度的表現了。
- 如果有人侮辱我，我會惡言相向，還是能夠就事論事？

●當我覺得有人想要愚弄我，我會發怒，還是利用這個機會來練習自己隨機應變的能力？

有一次登台表演時，我請一位女性觀眾在中場休息時把一件個人物品藏在觀眾席裡，只有她知道那是什麼東西，也只有她知道是藏在表演廳的哪個地方。我的任務是在中場休息結束後，說出那件物品的名稱並且找到它，那位女士則應該專心去想我要怎麼走才能找到那樣東西。順帶一提，在下一章裡，各位將會學到這個實驗要如何進行。

不過當天晚上，那位女士卻故意想著另一個方向，想引誘我走錯路，於是我接收到互相矛盾的訊號，而我覺得那些訊號不可能是對的。在幾百名花錢來觀賞節目的觀眾面前，如果我不知道那件東西藏在哪裡，場面將會很尷尬，畢竟大家對我的期望很高。我上台是為了兌現自己的承諾，找到那樣東西，這個表演原該成為節目的高潮，結果偏偏在這時候發生了我很少會碰到的事。於是我當下對那位女士眨眨眼睛，很坦白地說這項表演無法進行下去，然後向她道賀，告訴她這種事很少發生，但她的確成功地把我弄糊塗了。

其餘的觀眾都很能體諒，他們能感覺出發生了某種特別的情況，不是每個晚上都會碰到。接著我挑選了另一位觀眾，成功地把這個實驗再做了一次。假如我當時做出了錯誤的反應，那個晚上就泡湯了。當時我也無法改變事情的狀態，只能改變自己的反應。大家都想看見別人在困難的情況下冷靜以對，因此電影中的主角總是先遇到挫折，陷入看似無法克服的困境，然後再成功地加以化解。

由此可見，每一件經歷本身是中性的，是我們的想法使它成為愉快或不愉快的經驗。下雨使我們無法去郊外踏青，卻可以讓我們發現一間博物館，若非下雨，我們也許永遠不會去造訪。我們可以把一件事視為麻煩，也可以視為挑戰，只看我們如何去面對。因此，我們應該不斷嘗試保持開放的態度，偶爾也該設法發展出不同的態度來面對。

此外，我們必須毫無保留地接受事情的任何變化，先不懷成見地加以接納，再決定要如何看待。所以，請試著不要馬上把事情歸類為好事或壞事，先別急著貼標籤，告訴自己：事情現在的狀況就是這樣。只要沒有先入為主的成見，就比較能看出事物的原貌，而不是將它看成自己想要或不想要的樣子。

這麼一來，你就會自己承擔起責任，而不是把責任推卸給外在狀況。如果你先在自己身上尋找原因，不要把一切的不如意都歸咎於別人，就能夠掌控一切。這可以讓你在任何情況下都做出適當而理性的反應，因為事情在看第二眼時就可能完全不同！

只要能夠貫徹這個策略，你很快就會發現自己在生活中變得更冷靜。這個策略就像一陣心靈的順風，推你向前。當然，在這件事情上，途徑本身就是目標。雖然我們永遠會碰到難以負荷的情況，但是這種情況會越來越少。我們看待自己和這個世界的方式，對生活影響很大，也許遠超過自己的想像。亨利．福特說過一句話：「不管你是認為自己能把一件事做得特別好，還是根本做不來——你想的都沒有錯。」因此，請好好思索，你的想法是否會妨礙自己達成目標，因為這些想法對你人生的幸福大有影響。英國心理學家李察．韋斯曼（Richard Wiseman）以一項大規模的研究證明了這一點。韋斯曼提出的問題是：在人生中，好運與壞運是否果真出於巧合？何以有些人的運氣比其他人好？這些可以從心理學的角度來解釋。

為此，他找了那些自認是幸運兒或倒楣鬼的人來當受試者，請他們數出在一份報紙上照片的數量，隨後他問每一位受試者那份報紙上有幾張照片，但是最重要的事，那些受試者並不知道——韋斯曼在那張報紙的中央「藏」了一段文字，佔了半頁篇幅，上面寫著：「告訴實驗主持人你看見了這則廣告，就可以贏得一百英鎊。」

自稱為倒楣鬼的人由於過度專注於數出照片的數量，因而沒有注意到那則廣告。相反地，那些幸運兒就放鬆得多，面對事情的態度比較輕鬆，能夠綜觀全局，他們幾乎全都贏得了那筆錢。韋斯曼藉此證明了，自認為幸運的人比其他人更能夠掌握機會，因為想法會影響行動，以神奇的方式招來好運或壞運！韋斯曼寫道：「樂觀者態度正面，精力旺盛，對新的機會和經驗抱持著開放的態度。那些倒楣鬼則態度保守、遲鈍、膽怯，沒有意願看見眼前的機會並加以利用。」

第2章

心裡在想什麼，身體會洩露

尼采說：**「一個人如果經常思考，而且聰明地思考，那麼不只他的臉看起來會很聰明，他的身體也一樣。」**

我想把這句話放在這一章的開頭當成銘言。我想告訴各位如何看出別人正在想什麼，以及對方正處於何種狀態。你將會學到我們腦中所想會對我們的肢體語言產生何等作用，以及如何辨識出這些作用並加以解讀。

除此之外，各位將會明白，我們的身體姿勢也會對自己的想法和情緒起作用。最後我將介紹來自催眠術的語言公式，藉由其幫助，能把別人的注意力轉移到你覺得重要的事物和主題上。

為了證明想法和信念能對我們周遭的環境起多大的作用，各位不妨做一做下面這個練習：

讀心練習

椅子變輕了

抓住一張椅子的椅面，把椅子抬起來，儘可能感受到椅子的重量，然後再把椅子放下。現在把注意力完全集中在椅背的上緣，等你這樣做了之後，再抓住椅面，把椅子抬起來。結果是：如果你專注於椅背上緣的時間夠長，專注的程度也夠強，那麼感覺上椅子就會變輕。

不管你打算如何解釋這個現象，事實擺在眼前，如果你把注意力集中在要舉高之物的最高點，甚至是凝神注視「該物體上方（約三十公分處）的空氣」，你就會覺得那件物體變輕了。

思緒若有一個特定的方向，身體就會相隨，所以你的想法會決定你的感受。請你專心回憶一次不愉快的經驗，儘可能在腦中再度回顧整個事件，包含所有的細節。你有什麼感覺呢？你以什麼樣的姿勢坐著或站著？現在請你回想一次非常愉快的經驗，再度專心感受那美好的情境。現在你有什麼感覺？

很自然地，在不愉快的回憶影響之下，你可能會感到沮喪，甚至感到非常不快樂。而在回憶起美好的經驗時，緊張的情緒會漸漸消除，你心情愉快，充滿活力。你發現了嗎？單單只是藉由改變注意力的方向，就能在瞬間改變自己的感覺。由此我們學到了另一個方法，在困難的情況下也能掌控自己的感受。各位可以自行決定要專注於哪些回憶。

讀心練習

檸檬的滋味

想像你左手拿著一顆檸檬，然後把手臂伸出去，用手指抓住那顆想像的檸檬。感覺一下新鮮的檸檬皮涼涼的質地，眼前浮現檸檬皮鮮濃的顏色。做個深呼吸，聞到新鮮的檸檬香氣。現在把左手拿到嘴前，想像你在檸檬上咬了一口，你感覺到牙齒穿透檸檬皮，果肉的酸味在舌頭上擴散嗎？現在咀嚼你剛才咬下的那一口檸檬，味道又酸又新鮮，對不對？

嗯，你是否發現在讀這幾行字的時候，嘴裡分泌出越來越多的唾液？單是透過想像，你就刺激了唾液的分泌。當你把注意力集中於某個事件，在這個例子中是咬一口檸檬，那麼你的整個身體就會跟隨這個想像。既然思緒也會對身體產生作用，那麼反過來說，藉由在別人身體上產生的作用，我們是否也能推測出他腦中在想什麼呢？

答案無疑是肯定的。我並非唯一一個探討這主題的人，更不是第一個。在我之前已經有許多人企圖研究這分認知，並加以利用，美國人蘭達・布朗（J. Randall Brown）就是其中之一。他於一八五一年出生於聖路易，在學生時代就發現他能在教室裡找到同學之前藏起來的東西。藏東西的那個同學只要把手放在布朗的額頭上，同時專心去想他藏東西的地方，從觸摸中，布朗能感覺到他同學所想的方向，也就是說，能感覺出他同學的思緒對身體產生的作用！

離開學校之後，布朗仍舊在小型聚會中一再重複這個實驗。有一次當地的報社人員也在場，後來發表了一篇報導，大肆介紹布朗的本領。布朗的表演事業就此展開，大家紛紛邀請他去演出。他在全美各地表演這個實驗，大獲成功。當時他的名字家喻戶曉，而且不管他在哪裡演出，當地的報紙都熱烈地加以報導。

登台表演此一實驗的另一人是華盛頓・畢秀普（Washington Irving Bishop）。畢秀普從布朗那兒學到如何藉由把注意力集中在對方身上來找出物件，只不過他把這個實驗安排得更戲劇化。他讓別人把一件不知名的物品藏在一座大城市裡，而非藏在一個房間裡。之後他蒙住眼睛，駕著一輛馬車飛奔至正確的城區，把那件物品從被藏匿的地方取出來。畢秀普名列頭幾個能夠盲目駕車的人。不過，批評者認為他的本領其實是馬匹的功勞，假如真要展現奇蹟，那麼應該被蒙住眼睛的是那些拉車的馬。然而，這類的批評絲毫不曾減少畢秀普的表演所散發的吸引力，他不僅在全美各地表演這個實驗，還到歐洲各地表演。只不過他有病在身，在吃力的演出之後往往會發作癲癇，有時候看起來宛如假死一般。因此他總是隨身帶著一封信，信上請人在將他解剖或下葬之前，務必做一次徹底的檢查，以確定他的確是死了。

在一次表演之後，畢秀普的惡疾又犯了，儘管他有過明確的交代，卻立刻就被送去解剖。後來他母親表示當時他根本還沒有死，而是因解剖而死。畢秀普只活了三十三歲，但他的本領卻流傳了下來。

他的實驗後來也傳到了德國，表演者當中有一人名叫赫曼（Hermann Steinschneider），化名是哈努森（Erik Jan Hanussen）。就跟讀心術的許多代表人物一樣，哈努森也是個引起爭議的人物，聲譽不太好。他於一八八九年出生於維也納，雙親是猶太人。年輕時他靠著不太體面的行當來賺錢，包括替八卦小報工作。根據傳言，該報社以揭露某些難堪的事件來勒索當事人，哈努森的工作大概是替報社尋找適合勒索的對象。

除了做這些事以外，他花了很多精神來研究預卜未來、催眠和心靈感應。在一次大戰之後，他名列德語世界中最富有、最具影響力的表演者，能以驚人的速度表演心靈感應，因此而聞名。

希特勒也被哈努森的本事和魅力所吸引，儘管哈努森是猶太人，希特勒仍然協助他成名。靠著納粹的支持，哈努森在柏林成立了「神秘學殿堂」，為納粹高官和上流社會舉行降神會和秘術治療。一九三三年，哈努森公開預言柏林議會大火事件。在這之後，當權者顯然認為他過於危險，於是一九三三年三月，在一場表演之後，他被納粹黨人在柏林附近的一座森林裡槍殺，屍體過了好幾天才被發現。儘管哈努森的品德有可議之處，身為表演者的他卻令人折服，散發出獨特的強烈魅力。他一生的故事給了德國作家福伊希特萬格寫作小說《勞騰沙克兄弟》的靈感，在電影《哈努森》當中則由奧地利一位知名演員飾演這位靈異人士，片中可以看出他身邊環繞著多大的秘密。

上述這些人有何特別之處呢？什麼是他們做得到而別人做不到的事？做為讀心者，他們有如彗星般竄起，令人驚奇，而他們的崛起是建立在哪些能力之上？我一直思索著這些問題。

我的秘密——而這很快也就會成為你的秘密——在於我能夠察覺別人往哪個方向思考。當注意力集中於某件事物上，此一注意力的能量也會隨著移過去。靠著訓練、自信和直覺，人人都能學習察覺旁人所散發出的這種獨特能量。在專業術語中，這種獨特的能量被稱為「意念致動」，亦即在意志不曾參與的情況下，單單透過想像而不自覺進行的動作。這種動作會引發無意識的、幾乎察覺不到的反應。早在一八三三年，法國化學家謝弗勒爾（Michel Eugene Chevreul）就首度將這種動作加以定義。不過，發現「意念致動」的人其實是英國人卡本特（William B. Carpenter），只是他不曾替這個發現下定義。他得以證明我們只需要想著一個動作，我們的念頭就會使身體以極其輕微的方式來進行這個動作。

舉例來說，如果你集中心念在你右邊的那面牆上，你的身體就會不自覺地朝那個方向轉。讀心的藝術就在於掌握每一個這種不易察覺的小動作，藉此得知別人在下一刻將要做什麼。直到今天我們仍然只能描述這個現象；我們知道有這種現象存在，但是尚無法加以解釋。

我自己很早就把類似的實驗納入表演節目中，也得到很好的效果。我能感覺出一部機器故障的零件是哪些，能說出某一位觀眾之前在慕尼黑植物園裡挑選了哪一種植物，甚至能找到藏在維也納市區裡的物品。關於這類表演，我樂於和各位讀者分享我最難忘的回憶：在維也納的新城有一座很棒的市立劇院，我剛開始做巡迴演出時曾經在那兒表演過一次。在適當的時機，我邀請一位模樣和氣的先生上台，請他做下面這件事：「麻煩您從台上望向觀眾席，選定其中一位，但不要說出來是哪一位。」接著請他在一張紙條上簡短寫下他所挑選的那位觀眾的外表特徵，但是不要讓我看見，再把紙條放進一個信封裡。我的任務則在於把這個信封拿給紙條上所描述的那位觀眾，並且請他到台上來。接著我會唸出紙條上的描述，好讓全體觀眾能夠檢驗兩者之間是否相符。我牽起台上那位先生的手，和他一起走進觀眾席，站在表演廳的中央。我很快就確定自己站在被選中的那位觀眾面前，於是請那人上台。對方是位很漂亮的年輕小姐，一頭黑髮。我慢慢打開信封，把紙條上的描述唸出來：「禿頭的男子……」我就只唸到這裡，全場爆出一陣笑聲——沒有人是完美的。

讀心練習

讀出別人的念頭

只要經常練習，你也能學會讀出別人心思的基本能力。

- 把八件物品在桌子上排成一排。
- 請一個朋友心裡想著其中一件物品。千萬不要嘗試隨便猜想他可能會挑選哪一件，在做這個練習時，絕對不要隨興做出決定。
- 現在請那位朋友緊緊握住你的左手腕，一定要夠緊！伸出你的左手，大約在臀部的高度。
- 接著請那位朋友心裡想著你的右手該往哪個方向移動，才能抓住他心中所想的那件物品。他應該默默地引導你，在心念中對你下指令，讓你知道你的右手該向左、向右、向前或向後移動。

- 現在請你稍微移動一下身體，站在你朋友前方，用右手在桌面那些物品上方移動。試著感覺出你朋友的動靜。
- 把左手臂伸直不要動，注意讓右手與左手之間的距離保持一致。

這種動靜在每個人身上都不相同。我無法向各位描述這種感覺，各位必須親身去體會，並學習分辨細微的差異。如果無法馬上成功，也不要太洩氣，這個實驗在某些人身上比較容易成功，在某些人身上則否。只要勤加練習，你也可以獲得好成果。

如果練習成功了，你能感覺出桌上的物品，那麼你就可以把範圍擴大。請對方在心裡從一個房間內挑選物品，你再設法找出他所想的物品。站著或走動時要稍微站在對方前面，留心對方發出的所有肢體語言：他的雙腳朝向哪個方向？他的身體在何時放鬆下來？

很難說一個人在什麼時候會具備足夠的敏感度，各位必須一再嘗試集中全副注意力，認出每一個細微的動靜。目的在於到了某個時候，無需再跟隨對方的心念，而藉由所認出的動靜，憑直覺感覺出正確的路徑。

心念引導身體

不管我們在做什麼，我們所做的事總是會以某種方式表現在我們身上！我們不斷向周遭環境發出訊號。就算你在地鐵列車上一動也不動地站著，安靜地看報，或是呆望著地板，你的姿勢仍然會傳達出一些訊息。著名的心理治療師與溝通學家瓦茲拉威克（Paul Watzlawick）和他在帕羅奧圖心理研究院的同事曾經說過這句名言：「我們不可能不溝通。」重要之處在於學習正確解讀別人發出的所有訊號，並且意識到我們自己所發出的訊號。我曾經辦過一場關於溝通的研討會，一位學員說的話切中要點：「溝通不在於我們說了什麼，而在於對方感受到什麼！」對方之後所有的反應都取決於此。

在每一個溝通過程中，訊息的發送都有幾個不同的層次。就此章主題而言，下列這三種層次最為重要：

- 內容層次（亦即所說出的言語的意義）
- 聲音層次（說話的聲音是大還是小，快還是慢，聲音顫抖還是穩定）
- 肢體語言的層次（指的是表情、手勢和姿勢）

針對這個主題，洛杉磯加州大學的麥拉賓教授（Albert Mehrabian）所做的研究得出十分有趣的結果。他想知道聲音和肢體語言對於對方接受到的訊息影響多大，結果發現：我們所做的陳述只有百分之七取決於內容，其餘那百分之九十三則是透過身體（百分之五十五）和聲音（百分之三十八）來傳達！因此，我們顯然應該聽得更仔細一點，也觀察得更準確一點。

這個結果乍看之下也許令人詫異，不過，各位不妨想像一下在一對情侶之間出現了下面這一幕——

男的對女友說：「我們在一起已經好幾年了，相處得也很愉快，我希望能和妳共度餘生。」

他在女友面前跪下，問她：「妳願意嫁給我嗎？」

她神情恍惚，眼神飄向遠方，彷彿沒看見他，嘴角向下撇，聳聳肩膀，緩緩搖頭，以單調的聲音說：「願意。」

我想那個男的對這個答案不會感到滿意，因為他所收到的訊息跟她那句話的內容並不相符。當所說的話與說出這話的方式不符，亦即言語的內容跟肢體語言或語氣不相稱，我們就稱之為「不一致」。因此，在談話中請留心肢體語言和聲音，將其與內容做比較。這讓你得以在談話中發現兩者之間不相稱之處，這樣一來，比起只注意對方說了什麼，你能夠理解的訊息就多出許多！不過，要如何才能觀察得更仔細呢？在觀察時要注意些什麼？

第一步，從現在開始，你應該打定主意把對方看得更仔細一點。這倒不是說從今以後你應該死盯著和你談話的人，而只是表示你該發展出更敏銳的天線。一般而言，對於每天出現在身邊的東西，我們就不會再用全副注意力去感知，可是只要我們有心這麼做，其實就能做得到。讀者中若有人還想再多做一些與此相關的練習，這裡再提供各位一個機會：

讀心練習

手錶的觀察

在讀這幾行字的時候，請用右手蓋住你左手手腕上所戴的錶（如果你把錶戴在右手腕，那就用左手把錶蓋住）。想來你戴這支錶已經有一段時間了，而且每天都要看錶好幾次，以得知當下的時間。

- 請先不要去看錶，你能說出你的錶面上用的是羅馬數字還是阿拉伯數字嗎？這些數字寫在哪裡？是十二個數字都有，還是只有幾個，例如只在十二點下方有數字？
- 你的錶在小時與小時之間有顯示分鐘的短刻度嗎？如果有，先不要去看，請告訴我有幾個！
- 錶上有顯示日期嗎？如果有，請告訴我現在顯示出的是什麼數字？
- 錶面上有寫字嗎？如果有，寫了些什麼？在哪個位置？
- 你的錶有秒針嗎？

現在請看你的錶一眼，然後再用手把錶遮住。現在各位全都朝自己的錶上看了一眼，儘管如此，大多數的人仍將說不出錶上顯示的時間究竟是幾點幾分……

沒帶錶的人可以做下面這個練習：

- **公視的標誌有哪幾個顏色？**
- **麥當勞的英文是 McDonald's 還是 Mc Donalds？**
- **五百元紙鈔的流水號印在哪個位置？**
- **Google 的標誌通常是以什麼顏色出現？**

你發現了嗎？我們的觀察實在很不精準。這些幾乎是我們天天都會看見的東西，但我們卻還是說不出來。雖然我們的下意識曉得準確的細節，卻無法主動想起來。

幾年前我還常在餐廳或小型聚會上表演，賓客人數大多只有十個左右。我直接與客人同桌而坐，設法讓氣氛輕鬆愉快。在這種場合，重點在於分別去關心每一組客人，並且做出適當的回應。在這麼近的距離下，我常常在觀眾中碰到對我的表演很感興趣的人，但也會碰到表示懷疑的人。

在這種時候，我經常使用前一章裡所提到的策略：仔細分析一個人的外表，設法暗中找出能讓我得知對方所屬類型的蛛絲馬跡。如果我說：「你心裡很懷疑，不過這對水瓶座的人來說很正常！」當下總是能引起對方的共鳴。當然，我會視當時的對象說出他所屬的星座名稱，讓對方大吃一驚。我怎麼會知道？答案很簡單：凡是我這樣對他們說的人，脖子上全都戴著有星座圖案的項鍊墜子，但是由於他們多半從很久以前就一直戴著這個墜子，因而根本就忘了這回事。有趣的是，他們自己從來都想不出這個答案，總是要由別人來提醒，這時候我就心照不宣地向他們微笑。在這之後，那些心存懷疑的人幾乎總是站在我這邊，而不再有反對之意。

如果你嘗試這個小把戲，就能夠親身體驗到對方會有多麼驚訝，各位不妨試試看。

達文西就已經抱怨過世人「視而不見，聽而不聞，觸而無感，食而不知滋味，做動作卻感覺不到肌肉，呼吸卻沒有聞到氣味，說話卻不經思考」。請各位從現在起別再犯這樣的錯誤。從今以後，仔細留心別人，在與別人交談時，把全副注意力放在對方身上。你會發現自己不但能看出更多，而對方也會更親切地對待你。不過，光是仔細觀察還不夠，你也必須知道該注意些什麼，這就是我接下來要談的。

從眼睛窺看一個人的內心

十九世紀的德國作家格里爾帕策（Franz Grillparzer）說得好：「**如果目光不能使人信服，嘴巴也說服不了。**」

曾有許多人設法將各種不同的溝通方式加以整理與分類，他們在意的並非教條或法則，而是想找出可供大家參考的標準值。這些標準值能幫助我們分析從一個人身上發送出的所有訊息，進而全面解開這背後的謎題。

在這一點上，神經語言學研究中所謂的「眼睛解讀線索」提供了有用的資訊，這項技術是由班德勒（Richard Bandler）和葛瑞德（John Grinder）所創。「神經」在此指的是我們透過五種感官所得到的感知。我們所感知的一切都藉由感官（視覺、聽覺、嗅覺、味覺、觸覺）進入大腦，大腦處理這些訊息，並且將所有進來的訊息用已經存在的經驗和感知加以校正。這種內部的神經性過程能在精神與身體上產生強烈的作用。

回想一下那個「檸檬的滋味」練習，藉由想到檸檬，你嘴裡就開始流口水。在語言學上，這涉及語言的處理：單是透過寫出來的文字，你就製造出更多的唾液。我們處理這個過程的方式會跟我們的思考模式產生交互作用，也就是「你認為世界是什麼樣子，它就是什麼樣子」。

神經語言學把這些思考模式稱之為「程式」。神經語言學認為我們透過感官來經驗世界，把所有的刺激在有意識與無意識的思考過程中加以處理，以這種方式，植物性的神經系統被活化，並且使我們的身體起反應。各位還記得吧？「能量會追隨注意力」。

就思考而言，每個人處理感官刺激的方式都不一樣。不同的人也以不同的方式思考，我此處所指的並非思想的內容（雖然幸好每個人思想的內容也不相同），而是思考跟感官連結的方式。

有些人在思考時「看」得比較多，另一些人「聽」得比較多，還有一些人則「感覺」得比較多。也就是說，進行思考的方式跟你屬於哪一類的人有關，而這往往從你選擇使用的語彙就能看得出來。

有些人會說：「這個計畫感覺上很不錯。」另一些人會強調：「看起來很有機會。」還有些人則會說：「聽起來很不錯。」可見我們的思考跟主要的感官一向關係密切。

一旦跟某個人產生接觸，他就會自動使用這三種表示系統中的一種開始思考。從現在起，我們的練習會越來越精采，因為我們不僅能透過仔細聆聽，來得知某一個特定的念頭是讓對方看見一幅圖像、聽見一種聲音，還是感覺到某樣東西，也可以藉由觀察他的眼睛來得知！

眼睛提供了一個開口，一個進入內心的通道。

讀心練習

眼睛會說話

假設你是站在對方的面前看著他。

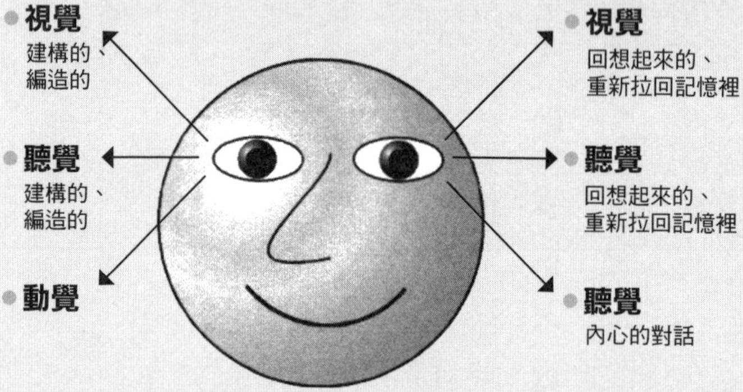

- **視覺**：對圖像的想像
- **聽覺**：對聲響的感知
- **動覺**：感受到的想像，觸覺、感覺、嗅覺和味覺如果一個人想到一幅畫面，他的眼球會向上移動；如果他想到聲音或是話語，眼球就會向旁邊移動；如果他想到一種動覺的感受，那麼從你的方向看過去，他的眼球會朝左下方移動。如果對方直愣愣地往前看，那麼他很可能正想到一個畫面。順帶一提，要注意有些人（包括百分之五十的左撇子）眼部的動作方向跟右頁的圖示正好左右相反。

即使是神經語言學的擁護者也不會聲稱這個模式在每個人身上都完全一致，不過，這種分析方法的準確性高得驚人。即使你碰到有人的反應方式不一樣，他的不同反應就其本身而言仍然具有一致性。舉例來說，若某個人在想到一幅畫面時，不是向上看，而是向下看，那麼你就可以假定每當他腦海中浮現一個畫面時，眼睛都會向下看。

神經語言學甚至還能讓我們得知更多，從對方是向右看還是向左看，你甚至能讀出他是在喚起回憶，還是在腦中建構些什麼！

如果對方直愣愣地往前看，那麼他很可能正想到一個畫面。

例如，在思考下列這些問題時，由於涉及由視覺勾起的想像，對方的眼珠通常會朝右上方轉動（以你看過去的方向）：

- 橫向紅綠燈最左方的燈號是紅燈還是綠燈？
- 你家前院裡有幾棵樹？
- 你母親的眼睛是什麼顏色的？
- 你前一個住處裡有幾扇門？

在思索下列問題時，由於涉及由聽覺回想起的聲響或話語，對方的眼珠會水平地向右移動（以你看過去的方向）：

- 想一下你最喜歡的一首歌！
- R的前一個字母是什麼？
- 你能聽見你最好的朋友的聲音嗎？

當對方回憶起看過的事物時，朝右上方看（以你看過去的方向）。

對方回憶起聽過的聲響或話語時，朝右方看（以你看過去的方向）。

在思索下列問題時，由於涉及由聽覺建構出的聲響或話語，對方的眼珠會向左移動（以你看過去的方向）：

- 你的名字倒過來唸聽起來會是如何？
- 貝多芬第九號交響曲用直笛來演奏的話，聽起來會是如何？

在思索下列問題時，由於答案是經由視覺來建構的，對方的眼珠會朝左上方移動（以你看過去的方向）：

- 你最好的朋友如果把頭髮染成粉紅色會是什麼模樣？
- 你家客廳如果沒有家具看起來會是什麼樣子？

對方在想像某個聲響或話語時，朝左方看（以你看過去的方向）。

對方在想像某物看起來的樣子，朝左上方看（以你看過去的方向）。

在自言自語的時候，對方的眼珠會朝向右下方（以你看過去的方向），因為涉及某種形式的內心對話。舉例來說，如果你請一個人自問他本來打算要做什麼，就會在對方身上引起這樣的反應。

如果涉及感覺、情緒和觸覺，對方的眼珠就會朝左下方移動（以你看過去的方向）。例如，當你請對方把注意力集中在他雙腳的溫度上。其他的例子像是：

- 你曉得游泳的時候，水拂過身體的那種感覺嗎？
- 冬天裡，當你先待在溫暖舒適的室內，再走進寒冷的戶外，會有什麼感覺？

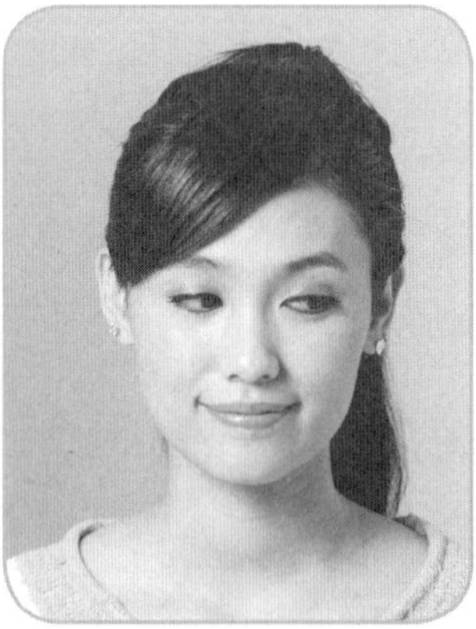

當對方在自言自語時，朝右下方看（以你看過去的方向）。

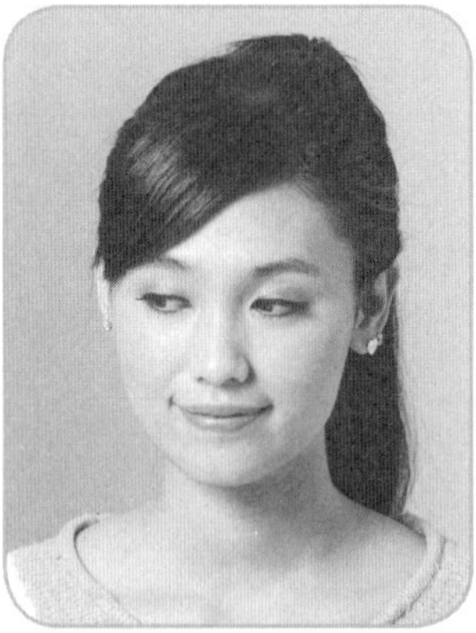

與感覺、情緒和觸覺有關時，朝左下方看（以你看過去的方向）

舉例來說，電視中的訪談就很適合拿來練習觀察眼珠的移動。接著你可以再做進一步的實際練習，最好是找個搭檔，不過不要選擇你太熟悉的人。

讀心練習

他的眼睛怎麼說？

坐在受試者對面，不要告訴他你打算做什麼。向他提出幾個問題，藉以找出他內在的表示系統。

先從跟視覺回憶有關的問題開始：

- 你汽車裡的地毯是什麼顏色？
- 你母親的眼睛是什麼顏色？
- 大門外面門牌上的數字是什麼字體？

這些問題都涉及你跟你的搭檔曾經見過的事物。

接下來這些問題，答案尚未在對方腦中儲存，他必須加以建構：

- 如果你能用我的眼睛看見你自己，你看起來會是什麼樣子？
- 你的頭髮如果染成淺紫色，看起來會是什麼樣子？

接著提出跟聽覺有關的問題：

- 你最喜歡聽的一段音樂是什麼？
- 你家裡哪一扇門被用力關上時發出的聲響最大？
- 你能夠想像一個跟你很親近的人用悅耳的方式說出你的名字嗎？
- 你能聽見自己唱〈小蜜蜂〉這首歌嗎？

然後再問幾個涉及動覺的問題：

- 大清早時你的感覺如何？
- 貓咪的毛皮摸起來是什麼感覺？

要注意的是，「我想」、「我覺得」、「我認為」或是「我知道」這類開場白都暗示著一種泛泛的陳述，因此請盡量避免使用這類慣用語，否則眼睛的動作可能會被扭曲。請提出如上所述的明確問題：那會是什麼感覺？那看起來會是什麼樣子？

如果你無論如何都無法將對方眼睛的活動歸類，那就直接問對方他心裡在想什麼。請注意你所問的問題屬於哪一類，並且留心對方眼睛接下來的動作。若有不懂或無法解釋之處，就具體地再加以詢問。唯有這樣，你才能培養出必要的敏感度。如果你能仔細觀察這一切，那麼對於對方的思考過程，你就已經有了一個可靠的資訊來源！

對於上述的認知，紐約魔術師柯恩（Steve Cohen）提供了一個成功的運用方法。用這種方法，你可以藉由暗中觀察對方的眼睛讀出他的念頭！剛開始時，請選擇一位你能夠將其眼睛動作歸類的受試者。等時間久了，隨著經驗的累積，正確地運用這個原則對你來說就會越來越容易。

讀心練習

從眼睛讀出對方的念頭

坐在一個人對面，向他說出下面這番話：

- 想像你去樹林裡散步，看見一隻非常美麗的小鳥。儘可能仔細地去想像這隻鳥站在一根樹枝上，包括牠的羽毛，牠的大小，還有鳥喙的形狀。
- 現在請想像你站在一個停車場裡。一輛汽車的警報器突然響起，請仔細想像警報器發出的聲音。
- 最後請你回憶用手拿著一塊披薩吃的感覺。想像在那之後你的手指頭油油的，而你正用餐巾紙把手擦乾淨。
- 現在你想像了三種不同的場景：樹林中的鳥，汽車警報器，還有油油的披薩。請你從這三件事當中挑出一件，然後集中注意力去想這件事。在腦中把這整個情境再逐步回憶一次。

現在請仔細觀察受試者的眼睛。如果眼睛向上看，那麼他就是在想那隻鳥；如果眼睛向旁邊看，那就表示他在想那個警報器；如果他想的是披薩，那麼他的眼睛就會向下看。接著請你告訴受試者他腦子裡想的是什麼。由於他不知道自己眼睛移動的方向會洩露出他腦中所想，他將無法解釋你何以知道答案，因此會大吃一驚。

如果要探討非語言的溝通，那麼就一定要提到啞劇演員薩米・摩爾休（Samy Molcho），還有他對於身體以及身體所表達出的訊息的觀察。我針對這個主題所讀的頭幾本書就包括他寫的《肢體語言》，直到今天，這本書仍然屬於我的最愛。透過他的作品，我頭一次得知下面這些現象。

瞳孔洩露出的訊息

先從摩爾休對瞳孔的觀察開始。首先，瞳孔會對光線的強弱起反應：如果光線很亮，瞳孔就會縮小；光線若是暗下來，瞳孔就會放大，好讓我們看得更清楚。不過，即使光線的強弱維持不變，瞳孔仍然會發生規律的變化。

基本上，如果看見自己感興趣的東西、渴望的東西或是讓我們感到愉快的東西，那麼即使光線強弱不變，我們的瞳孔還是會放大。所以說，如果你在跟一個人調情，而他的瞳孔變大了，那你就可以繼續下去……事情還不僅如此：只要想到某件讓我們很愉快的事物，我們的瞳孔就會放大。當我們專注於一件任務而渾然忘我，也會出現同樣的反應。

就算我們並未意識到這種現象，卻還是不自覺地把放大的瞳孔跟正面的感覺連結在一起。基於這個原因，具有這種特徵的人通常會對其他人產生更大的吸引力。為了確認這兩者之間的關係，科學家做過許多實驗，在其中一個實驗裡，科學家把同一個女子的多張照片拿給幾名男子看，其中一張照片經過加工，把該女子的瞳孔放大了。大多數的男子都認為這張照片上的女子最有吸引力。順帶一提：在拍照時往往會使用很強的光，模特兒的瞳孔會收縮。那些要放在時尚雜誌封面上的照片事後會以修圖的方式把瞳孔放大，好讓模特兒更吸引人，以提高雜誌的銷售量。另外，有深色眼睛的人，由於顏色對比不強烈，要觀察其瞳孔很不容易，這時候你必須特別仔細地加以觀察。

相反的情況是：如果我們不喜歡某件東西，我們的瞳孔就會收縮。一旦對方的瞳孔在光線強弱不變的情況下收縮了，你就知道對方想要擺脫某件東西，知道某件東西令他厭惡。同樣地，只要想到令人不愉快的念頭，你的瞳孔就會變小。

許多人本能地擔心眼睛會洩露出他們的內心，所以就加以保護。戴上太陽眼鏡之後，這些會洩露出內心想法的蛛絲馬跡就幾乎無法辨認。你曾經在電視上看過撲克牌比賽嗎？有些玩家總是戴著深色鏡片的眼鏡，免得別人看見他們的眼睛。他們不希望別人仔細觀察他們的瞳孔，說不定會看出他們的瞳孔在拿到好牌時放大，在拿到壞牌時縮小。

不過，大多數人並不知道我們的眼睛會洩露出這麼多內心的秘密，尤其是在善於觀察的人面前。你可以學習該注意些什麼，因為對於眼睛的這種改變我們可說是毫無辦法，就算想控制也控制不了。瞳孔的變化不在我們掌控之中，因此很能夠彰顯我們的內心。

目光透露出的訊息

如果你跟別人吵架，甚至出言恫嚇，你會怎麼打量對方？怎麼盯住他？你的目光會朝向哪個方向？和對方相持不下的時候，你肯定會深深看進對方的眼睛裡，盯住他不放！你的頸部肌肉緊繃，不讓對方離開你的視線。你的目光咄咄逼人，緊緊盯住對方的眼珠。你用目光向對方發出明確的訊號：「我盯住你了，你非面對我不可。」你的目光意味著警告，意味著威脅，而對方通常立刻就會以同樣的方式來回敬。被迫面對我們的人也會以同樣的方式盯著我們，誰先把目光移開，誰就輸了。

許多事都取決於目光持續的時間，在兩個人目光接觸這件事上也有通用的法則。舉例來說，你出去散步，在人行道上有個陌生人迎面走來，接下來你通常可以觀察到下述模式：你們會彼此對看一眼，視當地的習俗而定，也許會簡短地打聲招呼，然後就繼續向前看。這迅速的一眼意義十分重大，因為這一眼表示：我看見你了，並且尊重你。可是如果這一眼看得太久，就會帶有威脅的意味。根據我們在電梯裡的舉止，摩爾休也描述過同樣的現象：一個人獨自搭乘電梯，電梯停下來，第二個人進來了。等電梯門一關上，這兩個人通常會短短地互相對望一眼，然後再把目光移到其他東西上，通常是去看些毫無意義的東西。其中一人讀著貼在電梯裡的菜單，雖然他其實跟別人約好要去另一家餐廳。另一個人打量著選擇樓層的按鈕，可是等他一出電梯就忘了那些按鈕的樣子。視當時的情況而定，他也許會做點別的事，只要能讓他的目光有個地方停駐。

如果在對話時少了這種目光的接觸，其中一人就會覺得自己受到無禮的對待，彷彿對方視他有如空氣。也就是說，跟別人見面時如果不看著對方，顯然很失禮。請想像一下，一對夫妻坐在公園的長凳上，一個漂亮女孩慢跑著從前面經過，夫妻兩人都看著那個慢跑的女孩，這時候太太問先生一個問題，而他雖然回答了，目光卻仍然追隨著那個慢跑的女孩，做太太的心裡肯定不舒服，因為根據常理，她沒有得到注意！她覺得自己受到無禮的對待是有道理的。

如果有人想要不計代價地說服我們，卻沒有站得住腳的論點來支持他的立場，那麼他通常會嘗試用目光盯住我們，不把視線移開，想藉此強迫我們把注意力集中在他身上。事實上情形卻正好相反：要不了多久，我們就因為忙著招架對方的目光，而無法再去注意他說了什麼。因此，如果你想公平地對待對方，在進行討論時，總要給對方暫時看向別處的機會。當對方把目光移開，他就打斷了雙向的資訊交流。這樣一來，你就給了他整理思緒的機會。等他再度準備好吸收資訊，就會把目光移回到我們身上，此時對方就準備好繼續溝通。

如果目光接觸不是暫時中斷，而是中斷了相當長的時間，那麼情況就變得比較棘手，有可能根本無法再進行溝通，因為從我們的角度來看，已經沒有人在接收我們所說的話，雖然我們仍然繼續發送資訊，但卻無人接收，對方人雖然還在那兒，但是心思已經逃向別處。也許他的身體無法離開這個地方，所以他藉由中斷目光接觸來離開我們。這也就是為什麼當我們跟別人爭吵，而對方沒有看著我們的時候，我們會喊：「你最好看著我！」

不過，重要的不只是目光注視的長短，目光的方向也很重要。向上看未必表示對方想起了某個畫面，也可能表示對方在向上天求救，心裡唸著：「這麼多廢話，老天爺，幫幫忙吧！」你還記得自己當學生時的情況嗎：考試前一天你還知道正確的答案，可是在關鍵時刻卻偏偏想不起來，此時你多半也會向上看，心裡想著：「怎麼會有這種事。我明明知道正確的答案，這答案呼之欲出，但我就是想不起來，可惡。」

我在參加高中畢業考口試時也發生過類似的情況。由於我選擇了法文、英文和地理做為考試課程，所以按照規定必須在口試中考數學。偏偏是數學！考試由我的兩位老師和來自另一所學校的校外考官主持，我當時的數學老師人很聰明，而且處處為學生著想。基於這個原因，他跟我們達成一項協議。他說：「按照規定我不能問你們拿手的範圍是什麼，所以我想知道你們不喜歡什麼。」大家都知道他為什麼這麼問，而這樣做也並未違反規定。我討厭的是機率計算，於是老師建議：「我會在我負責的指定部分問你一個有關機率計算的簡單問題，校外考官就會覺得這個主題已經被問過了，多半會改問其他你比較擅長的題目。」這就是我們的策略。

考試當天，頭一個部分按照計畫進行。考試前我從監考官那兒拿到一個信封，裡面裝著幾道題目，我有半小時的時間來解答。我緊張地回到座位上，用顫抖的手把試卷從信封裡拿出來。我很快地把題目瀏覽一遍，隨即放下一顆心，所有的題目我都會做，就連關於機率計算的題目也簡單到我能夠解答，那是關於簡單的樹狀圖，而我在機率計算方面的知識也就僅止於此。準備時間結束後，我被叫到考官面前，必須按照我先前所做的筆記在黑板上說明如何解答。

於是我站在考試委員面前，一口氣把正確的解答過程寫在黑板上，大家都很佩服。等到輪到那位校外考官發問，他和氣地說：「既然你剛好做到機率計算，請告訴我俄國數學家科莫戈洛夫的機率定理。」

該死！我睜大了眼睛，張開嘴巴，往上看。我的數學老師閉上了眼睛，雙唇緊抿，輕聲咳嗽。那短短的一刻感覺上無比漫長，然後我說：「我沒有讀到這個定理。」很自然地，我的老師也向上看……

眼睛的大小所洩露的訊息

我承認自己對下面這個實驗相當自豪，這個實驗我已經表演過好幾次：我請一名觀眾想著一個人，接著我向他描述這個人，到最後甚至能說出這個人的名字！所有觀眾對此的反應幾乎都一樣：他們的眼睛會睜大，嘴巴會稍微張開。

如果一個人睜大眼睛，這就表示：

「關於剛才發生的事，或是剛才所說的話，我想得到更多的資訊。」

之所以會有這種反應，可以有好幾個原因。有可能這個人對某件事無法理解，例如在上述的例子裡，他暗中自問：「怎麼可能呢？不會有這種事吧？」也可能是當事人想知道某件事，因為他聽見了什麼有趣的訊息，

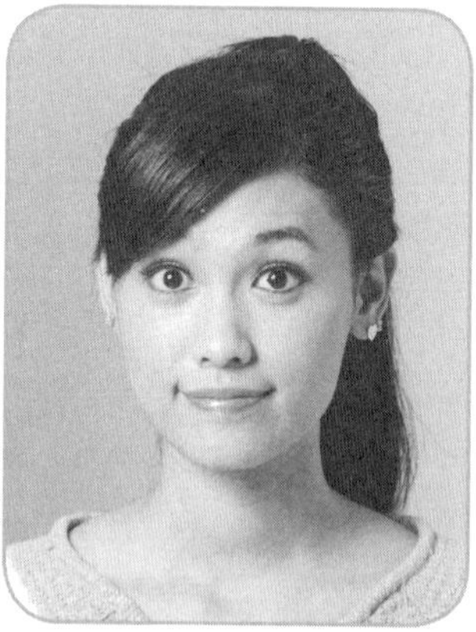

睜大眼睛，表示對方想得到更多的資訊。

而他想要知道更多。

這分認知也可以用在商業場合。如果顧客在談買賣時睜大眼睛，這對賣方來說是個十分重要的信號，銷售專家能清楚看出這個信號，提出正確的問題，並且做出恰當的結論。與此相反的信號是把眼睛瞇起來，這表示對方想要更多的資訊。在這種情況下，他通常是想對現有的資訊做更深入的瞭解，更專注於某一點上。瞇起眼睛以集中目光，如同用放大鏡把陽光集中，把一切的干擾都排除在外。瞇起來的眼睛通常預示著一個目的明確的問題：「這一點我還不十分瞭解，希望你再說明一下。」大致上，這就是對方接下來會說的話。不過，對方也可能是在心裡自言自語，針對還不清楚的這一點設法自己找出答案。在這種情況下，最好是讓他把事情想清楚，因為他顯然需要時間。一旦找到答案，他的眼睛就會再度睜大，或是提出更進一步的問題。

閉上眼睛所洩露的訊息

如果你閉上眼睛，那就表示你想把自己跟外界隔離，想避開外界的所有刺激。你不再送出訊號，也不想再接受訊號。這種行為有幾個可能的原因。也許你累了，想暫時擺脫周遭環境中的諸多刺激，你不想要更多的資訊，必須暫時分神。不過，也可能是你不想接受某件事，也許是一個消息讓你大為震驚。在這種情況下，你也會閉上眼睛，無聲地表示：「我現在不想聽，別再說了。」當一個人被太多資訊淹沒，他也會防衛地閉上眼睛。如果我們正在和對方談話，這就表示我們應該暫停一下，不要強迫對方聽我們說話。

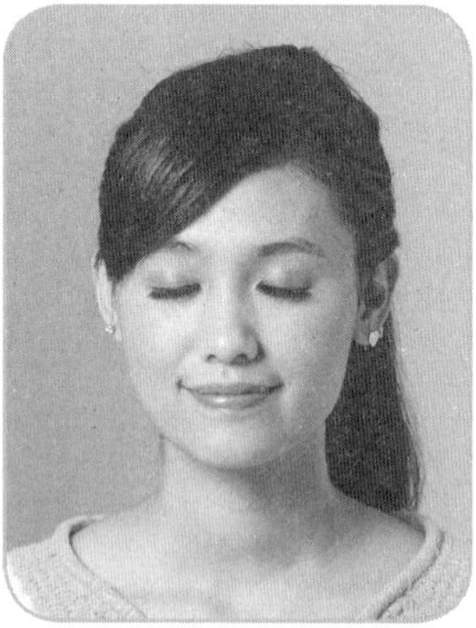

閉上眼睛，表示想避開外界的所有訊息。

在分析這些觀察時，我主要是參考了摩爾休所述，再加上神經語言學的目光方向理論。事實證明這個方法很有效，以這種方式，我已經知道許多隱藏在對方內心的思考過程。對於如何解讀非語言的訊號，各位現在也已掌握了重要的工具，有了這個知識，你就能有效地引導對方的行動。但是請別透露這個秘密，因為這些秘密如同寶藏一般有價值。

舉例來說，在個人生活上，這可以對你有很大的幫助：假設你跟你很感興趣的某個人約好見面。一開始時請你和對方多做目光接觸，深深看進對方的眼睛裡，這會讓對方產生好感。不過，請注意要適可而止，這一點很重要。在接下來的時間裡，你先提起一個對你來說很重要的主題，然後把目光移開，看著你的手或是你的杯子，這時候千萬別再看進對方的眼睛！

在這一刻會發生的事如下：對方會感覺到有件事不太對勁，感覺到他失去了跟你之間的連結。他會嘗試再度和你建立接觸，更為坦誠地和你說話。一旦對方這麼做了，你就重新再和對方做目光接觸，藉此鼓勵他繼續說下去。我確信這樣一來，你將更容易達到目的，讓對方跟你站在同一邊。

嘴巴的非語言溝通

凡是我們所吃的東西，都必須經過嘴巴。嘴巴會進行過濾，決定哪些食物對我們好，哪些對我們不好。凡是味覺神經不接受的東西，我們就會拒絕，把東西吐出來，或是勉強吞下去。我們是心甘情願把東西嚥下去，還是心不甘情不願，這會反應在我們的臉上，尤其是在嘴巴的部位。因此，觀察的重點將放在嘴巴周圍的肌肉上。語言透過嘴巴來發聲，因此嘴巴在溝通中扮演著重要的角色，不僅是在言語溝通上，也在非語言的溝通上。

當嘴巴張開時

在對資訊的接收上，嘴巴的反應就跟接受食物時幾乎一模一樣。如果有太多資訊想要進入，一時消化不了，嘴巴就會張開，以減輕負荷。同樣地，嘴巴也會為了納入更多資訊而張開。當我們感到詫異、為了某件事而感到驚訝，這時候我們也會張開嘴巴。也就是說，每當我們需要更多的時間來消化某些訊息，就會藉由張開嘴巴來表示。這個情形就跟眼睛一樣：眼睛會睜大，以吸收更多的資訊。我們的嘴巴會變大變圓，張得大大的，因為我們想要更多，對於和我們交談的人來說，這意味著一種邀請。

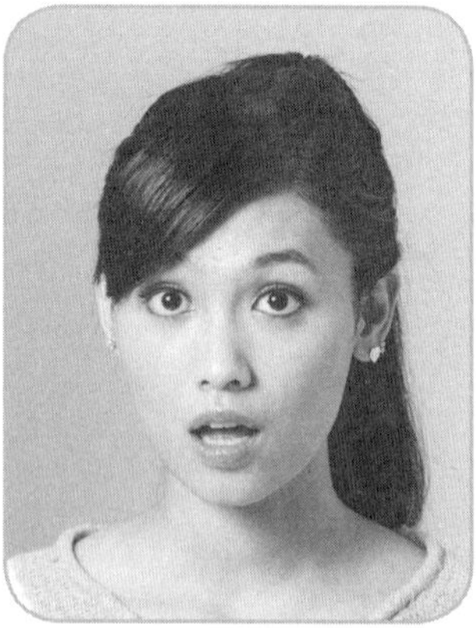

● 眼睛和嘴巴都張大，可能表示對方想知道更多訊息。

我在青少年時期很喜歡看德國知名電視主持人畢歐雷克的節目。有一次摩爾休上他的節目，介紹了下面這個方法，直到今天我還記憶猶新。

讀心練習

張開嘴巴做心算

● 請張開嘴巴，讓下巴耷拉著，維持這個姿勢，再把眼睛睜大。現在請你計算出：7×8＋12＝？

● 當你張開嘴巴做心算，會需要比平常更長的時間才能算出答案來，而你會忍不住想在解答題目時，把嘴巴閉上。關於這個現象，我稍後還會再加以說明。

由此可見，我們的念頭不但會對身體產生作用，身體姿勢也會影響思考。耷拉下來的下巴就妨礙了我們思考。如果我們在跟一個人說話，而他做出了這樣的臉部表情，就表示他此刻無法再吸收更多的訊息。我們應該暫停一下，等他把到目前為止所聽到的資訊消化完。

緊抿嘴唇時

如果「張開嘴巴」表示想要更多資訊，那麼，「緊抿的嘴唇」所表示的意義就正好相反！

我們不想接受或吸收的時候，就會抿起嘴唇，明確地流露出反感。緊抿的嘴唇也以相反的方向起作用：我們不但可以拒絕去聽別人所說的話，也可以強迫自己一句話也不再說，表現出全然的拒絕。

咬住嘴唇時

此外，我們還可以咬住嘴唇，只用牙齒咬住一片嘴唇，或是把兩片嘴唇都往內縮，再用牙齒咬住。

在這兩種情況下，我們都想要阻止自己說話，寧願封住嘴唇，以免衝口說出自己不想說的話。這個動作發出的訊息是：「我刻意控制自己，寧願什麼都不說。」有人也會將其解讀為沒有把握，因為這樣做的人也許是不確定自己到底該不該說出來，所以暫時選擇沉默。

抿嘴、咬嘴唇雖然是小動作，卻透露出複雜的心思。

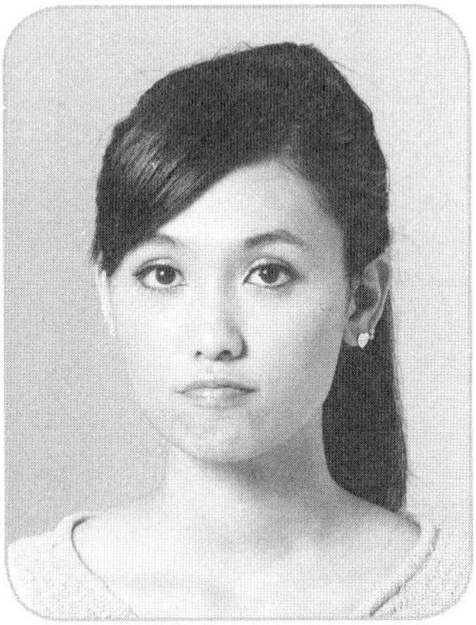

●抿起嘴唇：表示反感或拒絕。

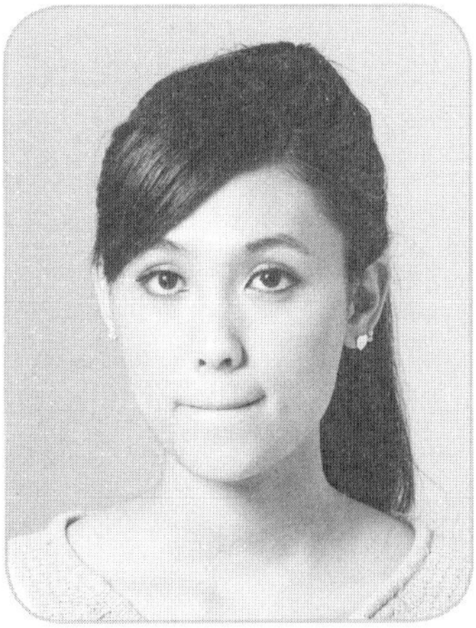

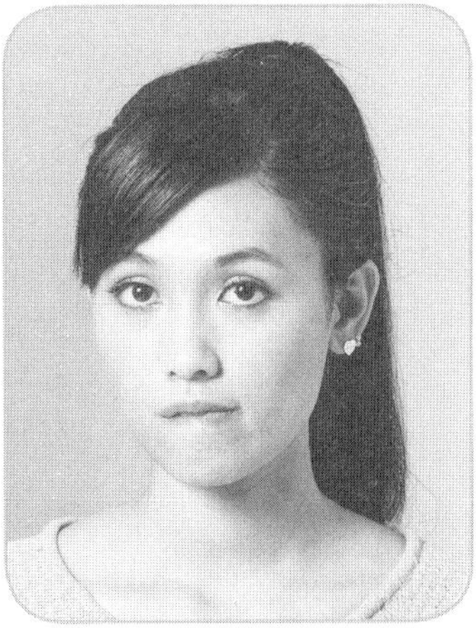

●只咬住一片嘴唇，或者雙唇往內縮咬住，代表對方寧願保持沉默，以免衝口而出自己不想或不該說的話。

真笑還是假笑

一個人的笑容也可以有很多種，我們可以透過仔細的觀察加以解讀。

微笑時，我們把兩邊的嘴角往上拉，但這還不足以道盡一切。微笑可以有多重解讀，要注意：真正的微笑通常要比虛假的微笑持久。同樣地，假笑也結束得比較突然，真正的微笑則會慢慢消失。

虛假的微笑只局限於嘴唇，而在開懷大笑或是真誠地微笑時，眼睛也會跟著笑，這一點從眼睛旁邊的細紋就能看出來。

真心大笑時，眉毛會微微往下拉，而笑容會擴及兩邊的臉頰；虛假地微笑時，會有半邊臉扯動得比較厲害，因此，歪著嘴的微笑大多不是真心的。

發笑這個簡單的過程有許多面向，藉由一些練習，這個過程能提供我們重要的提示。

笑容也有大學問！從眼睛、眼旁的小細紋、嘴巴、臉頰等，可以分辨對方是否真心誠意。

真心的笑容，眼睛也會跟著笑。

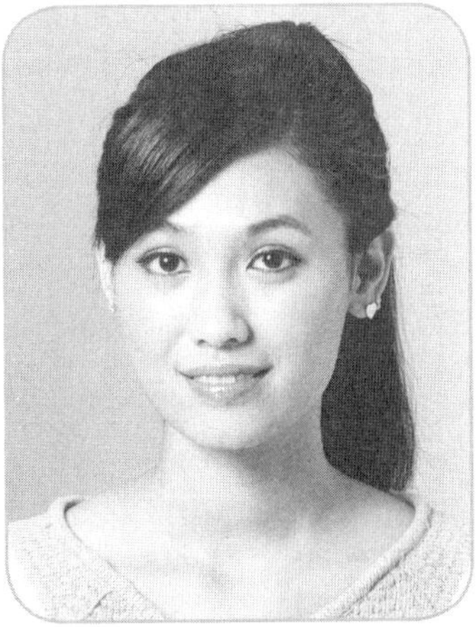

虛假的微笑，只有嘴唇在動，甚至有點歪著嘴。

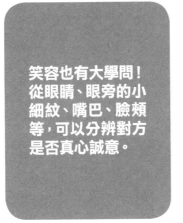

在前幾段裡，我們對表情中最重要的訊號來源做了更進一步的觀察。藉由臉部（主要是眼睛和嘴巴）所發出的訊號，你可以找個搭檔，玩一個讓對方目瞪口呆的遊戲，在這個遊戲中你可以操控一切。

最初向我展示這個遊戲的是我的朋友兼訓練講師羅西。這是個典型的神經語言學遊戲，在文獻中也經常被提到。我相信遊戲的結果會讓你大吃一驚！

讀心練習

是敵人還是朋友？

找一個人當你的搭檔，坐在他對面，請他放鬆，先別去想任何特別的事。等你的搭檔在你面前輕鬆而平靜地坐好之後，請他去想一個他討厭的人。請他不要告訴你這個人是誰，只要仔細去想像這個他討厭的人：那人頭髮的顏色、眼睛、鼻子、服裝……等等。留意他此時的臉部表情。

接著請你的搭檔去想一個他很喜歡的人。同樣請他仔細去想關於那個人的細節，像是眼睛的顏色……等等。也請你留意他此刻的臉部表情。

現在請你的搭檔去想其中一個人。請仔細觀察他的臉部表情：他的瞳孔有什麼變化，是變大、變小，還是維持不變？他的眼睛有什麼變化，是睜大還是瞇起來？嘴巴又有什麼變化，是微微露出微笑，還是輕輕抿住嘴唇？

只要稍加練習，在大多數的情況下，你一定可以看出搭檔心裡想的是他喜歡的那個人，還是他討厭的那個人。把答案告訴他，讓他大吃一驚吧！

另一個源出神經語言學的技巧是「照鏡子」，你要始終擺出跟對方相同的姿勢，試試看！

讀心練習

照鏡子

小心，不要以誇張的方式模仿對方！一旦你這麼做而對方發現了，你就沒有機會和對方建立足夠的接觸。因此，有些指導員會建議以慢半拍的方式「照鏡子」，也就是等對方改變了姿勢，你才擺出他剛才的姿勢。如果他之前是把雙臂交叉在胸前，現在則換成比較開放的姿勢，那麼你才把雙臂在胸前交叉。以此類推。

這個遊戲可以幫助你明白對方此刻的心態，藉由採取對方的姿勢，你可以感覺出他心裡在想什麼。還記得吧？身體的姿勢會影響我們腦中的念頭。這一點在這個遊戲中再度扮演著重要角色，我們可以善加利用。

不過，使用「照鏡子」這個技巧要特別當心，因為許多人都曉得這個方法，自然也就會留心別人是否在使用這個方法。

讀心練習

硬幣透露的秘密

根據對方臉部的表情，你還可以得知更多事情。

1. 把一個五十元硬幣放在桌上，旁邊再放一個十元、五元和一元的硬幣。
2. 你轉身背對著對方，請他把五十元硬幣拿在一隻手上，再將其他剩下的硬幣握在另一隻手裡。接著請他雙手握拳往前伸，然後你再轉過來面向他。
3. 指著對方的左手，請他把這隻手中的硬幣面値乘以七。假設他左手握著的是五十元硬幣，那他就要計算出 50×7 等於多少。
4. 接著指指他的右手，請他同樣也把右手握著的硬幣面値乘以七。如果在他右手的是其餘幾枚硬幣，就是 16×7。

秘訣在於當對方做心算時，要仔細觀察。做比較簡單的那個算式時，他會算得比較快，這是看得出來的。在對方能夠輕鬆計算完畢的那隻手裡，就握著五十元硬幣！

頭部和頸子也有玄機

當上爸爸是我這一生中最大的挑戰，也是最棒的挑戰。尤其是有第一個孩子的時候，在我太太懷孕期間我就已經異常興奮，做了許多一年前我還不相信自己會做的事：去上照顧嬰兒的課程、分娩準備課程，聽了關於懷孕過程與分娩的演講！這些演講都很精采，我迫不及待地去聽每一場。講師都是專家，做了深入淺出的解說，也談到嬰幼兒和他們對世界的感知。這些課程都在慕尼黑大學婦科醫院美輪美奐的講堂裡舉行。我很喜歡那間講堂和裡面的氣氛，後來我主持的一個電視節目就選擇在那裡拍攝，我將在那裡進行引起轟動的假死表演，在表演中，我讓自己的心臟暫時停止跳動，就在距離我兩個孩子出生之處幾公尺遠的地方。

不過，讓我再回到那些演講上。其中一晚，一位教授在我們身上做了一次很有趣的試驗。他把一個嬰兒的照片投影在螢幕上，請我們花一點時間仔細觀察這張照片。過了一會兒，他指出我們在花了較長的時間去看那個嬰兒之後，全都把頭歪向一邊。也就是說，單單是一個無助嬰兒的相片就在我們身上引發了一種反射動作，我們立刻開始不自覺地以非語言的方式跟這個嬰兒溝通：「我對你不會構成危險！」因為我們一旦把頭歪向一邊，就把自己身上一個非常容易受傷的部位暴露在對方眼前，也就是頸動脈。對動物來說，這個部位非常敏感，也是猛獸攻擊的主要目標。通常我們會保護這個易受傷害的部位，當我們反而把這個部位暴露出來，就表示：「信賴我，我對你沒有危險，而我也信賴你，把我最脆弱的地方呈現在你面前。」因此，廣告看板上的人物往往把頭歪向一邊，用意在於讓看廣告的人卸下心防。

這是個讓對方安心的姿態。

軟弱而屈從的人也常常做出這種姿態，就像動物會躺下來，腹部朝上，把自己身上脆弱的部位呈現在勝利者面前，做為牠們被對方擊敗的訊號。所以，如果對方在談話中突然又把頭擺正，那麼他肯定是不同意某件事，或是被激怒了。這些徵兆多半還會藉由目光方向以及嘴巴形狀的改變來加強。

把頭歪向一邊露出頸部，表示信賴，也讓對方安心。

我們還可以把頭往後仰，更進一步地把脖子暴露出來。

這可以顯示出兩種含意：一是為了向潛在對手表示我們不怕他，暴露出自己的喉頭，彷彿在說：「過來呀，你過來試試看。」在這種情況下，頭部直直向後仰，下巴抬高。我通常會在我兩個孩子身上看見這個姿勢——當他們在吵架，作勢朝對方撲過去之前。若有人擺出這姿勢，我們會覺得他傲慢挑釁。

不過，暴露出脖子也可能帶有挑逗的意味，女性以這種方式性感地呈現出她的頸部。她做出這個姿態的動作通常很慢，而且頭部在最後幾乎總是微微轉向一側。往往她還會把手放在脖子上，讓對方把目光的焦點更加集中在那個脆弱的部位：

下巴抬高、頭往後仰，象徵不害怕對方，在吵架的人身上常見。

對女性而言，暴露出脖子也可能是一種性感的表現。

「看，我完全信賴你，甚至把脆弱的部位都呈現在你面前。」

這些訊號的發送和接收幾乎都是不自覺的，但卻具有強烈的效果。只有在極少數情況下，當事者才明白自己為什麼會做出這樣或那樣的反應。大多數時候他們就只是不自覺地受到吸引。

不過，相反的現象也可能出現：如果一個人把頭部向前傾，同時把頭低下來，那就表示他想保護自己的頸部。這個姿勢表示他提高了警覺，他若非感到不安全，就是採取了防衛的姿勢，往往還會聳起肩膀來加強這個姿態。當有人聳著肩膀說：「我哪知道！」我們就能觀察到這個姿勢。一旦我們不再感到不安全，或是認為無需再自我防衛，頭部和肩膀就會回復原來的姿勢。根據達爾文的說法，有時候人類低下頭是為了顯得比較不具威脅性。這很自然：低下頭你就顯得比較矮。基於這個理由，當我們接近一個我們認為重要的人，往往也會不自覺地把頭稍微縮回來一點。這跟前面提到的那個把頭向後仰的姿勢正好相反，那是為了挑釁對方而故意露出喉頭。

不過，視情況而定，把頭向前傾也可以是一種追求的手段。如果一個女子垂下頭來看著她對面的男子，那麼她的眼睛就顯得更大，她本身則顯得更嬌小。這個姿勢之所以這麼有說服力，是因為它立刻喚起男性的保護者本能。女子藉此顯示出她的柔弱與無力自衛。和擺出別種姿勢的女性相比，垂下頭往上看的女子在觀看者眼中立刻顯得更加女性化。倫敦大學學院做過一項研究，藉由廣泛的觀察證實了這一點。

還有一種姿勢是低下頭來，眼睛則一動也不動地凝視對方。這種目光明確地表示出對抗的意志，是戴眼鏡的人特別喜歡擺出的姿勢。從眼鏡上緣望出去的目光清楚地表示：「我不相信你，我的看法完全不同。」

如上所述，我所提到的頭頸姿勢都可以往兩個方向解讀，而這兩個方向有時候互相矛盾。

女性低下頭往上看，有助於喚起男性的保護本能。

當對方透過眼鏡上方看你，可能表示他的想法與你不一樣。

這再次顯示出肢體語言無法像使用說明一樣一清二楚，不容許我們做出斬釘截鐵的推論。單靠任何一種姿勢都不足以讓我們推斷出對方是什麼樣的人，重要的是整個情境。若要正確解讀所有的信號，必須觀察所有的細節，並且正確理解這些細節之間的相互關係，這得用上你的直覺。

當肩膀與手臂換了姿勢

兩個人在談話時，彼此的肩膀通常是互相平行，一旦其中一人改變了這個姿勢，而突然把一個肩膀朝前方推出去，那就表示他想藉此築起一道藩籬。在大多數情況下，他是對某件事不表同意，想用這種方式來跟別人保持距離。如果對方發出這樣的信號，你就可以把握機會，進一步探討那件事，再次重提相關的那一點，只要你想這麼做！

我們可以藉由手臂的動作向對方敞開自己：把手臂微微向前伸出，同時把掌心向上攤開。

也可以藉由手臂的動作關閉自己，築起藩籬：把雙臂在胸前交叉，或是用一條手臂環住身體。

不過，依我看來，交叉雙臂是最常遭到誤解的動作！幾乎每個人都將之視為一種封鎖的信號，表示對方不願意好好聽我們說話。

可是事情往往正好相反！想像一下，有兩個人在一場派對上交談，其中一人突然用雙臂環住自己的身體。這個動作幾乎總是在向所有其他在場的人發出信號，要別人不要打擾這番談話，不要跟正在談話的此人攀談。「現在請別來找我說話，跟我談話的人講的事情太有意思了，不該被打斷。」也就是說，同一個信號表達的卻是不同的訊息，而且在這個情況下是針對其他人而發。

敞開自己的象徵。

此外，我們也可以用雙手扠腰來表示拒絕。做這個動作也可以只用一條手臂，而效果相同。透過這個動作我們把自己的身體加寬，手肘向外拐，所要表達的是自身的優越：「我比你想的更壯，而且我可以動用手肘！」採取這個姿勢有可能是出於不安或是恐懼，但也可以是強調決心。

用手臂環住身體，在一般的情況下，表示封閉起自己。

單手扠腰或雙手扠腰，所象徵的意義是拒絕。

用雙手抓住世界

如果你請一個人說明一道盤旋而上的樓梯，那麼他肯定會用手的動作來輔助，一邊說，一邊用食指描述那個螺旋形狀。

一般說來，我們在溝通時很難不用到雙手。我們的確是用雙手來「掌握」身邊的世界。摩爾休說明得很清楚，大腦皮質中掌控拇指和食指的部位要比掌控雙腳或頭部的部位大上十倍！我覺得這不難想像。舉例來說，昨天我開車去聽一場演講，就跟平常一樣碰上塞車。從後視鏡裡我看見一個人在他的車上講電話，他顯然很激動而且講得很快，想來也講得很大聲。他說話時一直指著自己，偶爾用手在空中畫起一道無形的階梯，然後又用同一隻手把那道階梯抹去。雖然我一個字也沒聽見，然而單是藉由觀察他雙手的動作，我就得知這個人（他好幾次指向自己）一步步地做了一件事（他想像在自己面前建構出不同的階段），而這件事現在若非被上級認定沒有用處，就是他自己不想再進行下去了。

從今以後，在塞車時藉由觀察其他車輛裡的人來消磨時間，對各位來說應該會更有趣。既然你反正有時間，不妨用來訓練你的天分和知識。在溝通時，許多人一旦意識到自己的表情可能具有什麼意義，便會加以控制。對於我們想傳達給對方的內容，臉部表情是一種理想的輔助，但我們往往忘了去注意伴隨表情的手勢，其實比起看著對方的臉，往對方的雙手或雙腿看一眼經常能得知更多事情。對方常會不自覺地做出洩露內心思緒的手勢，值得我們注意。例如，在一場會議中，一名與會者對著大家說某件事非做不可，說話時已經不自覺地把雙手和雙腳對著他想交付這件任務的人。同樣地，有時一個人在談話中會不由自主地指著自己，藉以表示他想要有所行動，或是自認該為某件事負責。

手部的動作有兩類：開放的手勢和封閉的手勢。開放的手勢把掌心呈現在對方面前，顯示出率直，無所隱藏。這也是個友好、表示邀請的手勢，能讓對方產生信賴。以敞開的手給予和拿取，象徵著：「我願意做公平的交換。」

手心轉向裡面時掌心被遮住，對方就只能看見我們的手背，這個手勢表示我們想要有所保留。這有可能是出於恐懼或是沒有把握，也可能是想有所隱藏，總之是要在我們跟對方之間製造出距離。如果雙手平放在桌上，擱在椅子的扶手上，甚至是藏在桌子底下，也表示出同樣的意思。

如果手心朝上，同時手往上抬，就是象徵性地助對方一臂之力。這也是跟對方表示「請站起來」的標準手勢。

若手心朝上，將手向下擺動，這是表示邀請之意，通常是用來強調：「請坐下。」

如果把手向下揮時手背向上，同一個動作看起來就會完全不同。友好的「請坐下」會變成隱含著命令的意味：「現在給我坐下。」手背向上，同時把手向下揮動，這個動作一向被視為展現本身之優越，象徵性地把對方往下壓，讓對方變矮。各位不妨回想一下，政治人物講話時會用這個手勢向觀眾發出「安靜！」的信號。這個請會場安靜下來的手勢不但不謙虛，而且明顯展示出自身的優越。

● 手心朝上地抬起來，象徵願施以援手。

● 手心朝上，而將手往下擺，表示邀請。

再舉一個例子：打招呼時對方用左手從上往下拍你的肩膀，這意味著：「我比你強壯。」沒有哪個員工會用這種方式跟老闆打招呼，可是反過來，老闆卻可以這樣跟下屬打招呼，而不會有誰覺得有什麼不對。一個人的地位決定了他跟身邊的人相處的規則。不過，稍加改變，這個展現自身優越地位的手勢就能轉變為表示友好的手勢，亦即當一個人不再是從上往下去拍對方的肩膀，而是用張開的手掌從旁邊去拍對方的上臂。儘管這兩個手勢看起來好像相同，產生的效果卻完全不同。雖然我們通常不會特別去注意這種輕微的改變，但我們的下意識卻會立刻注意到。

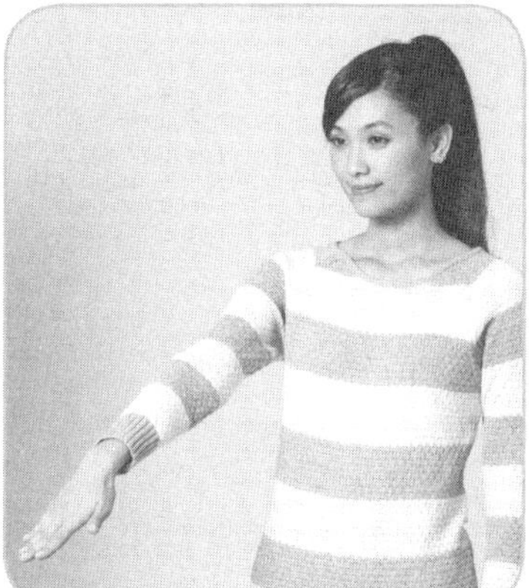

手背朝上地往下揮手，隱含著命令的意味。

敲手指也屬於這種多半不自覺地做出的手勢。在討論當中，對方若是在桌面或椅子扶手上敲手指，就表示他想趕快結束這番談話。這可以有許多原因：壓力、挫折、想要離開或是必須離開。此時他肯定不會聚精會神地來聽你的論點，你可以見機做出適當的反應。

手勢很多，在此我只能介紹幾種。不過，最重要的幾種你應該要能看得出來。例如，如果有人緊緊抓著一件物品，或是在演講時雙手緊緊抓住講桌，這多半意味著恐懼和不安，或是想找到可以攀附的東西，表示他想要得到雙重保障。不過，如果對方是因為沒有機會把手裡的東西放下，因此才把東西拿在手裡，當然就另當別論。在一個大家都站著的派對中，一個人一直把半杯飲料拿在手裡也可能只是因為他還想把飲料喝完。還是那句老話：請小心，不要貿然做出錯誤的解讀。

為了強調自己的論點而把手做成爪子的形狀也很常見。這不禁讓人想起在動物界也有類似的現象，在動物界，這個手勢向來是威脅或攻擊的信號。

類似的情形是把手握成拳頭，這會散發出侵略性。就算對方並未有意識地察覺，這個手勢仍然會產生效果。整個身體的姿勢此刻都有所改變，而我們的下意識立刻就會察覺這個明顯的轉變，並且讓我們做出反應。這是人類賴以生存的一種原始本能，這種本能若是失靈，會產生致命的後果。因此，有時別人所說的話會讓我們產生好鬥的反應，而我們並不明白為什麼，因為導火線在於對方所做的一個意思明確的小手勢，我們雖然並未有意識地加以注意，但還是察覺到了。

如果你用掌心做出想把某件東西從自己面前推離的動作，那就表示你需要更多的距離。你象徵性地把對方的論點從自己身邊推開，甚至是把對方那個人從自己身邊推開。你也可以把桌上的一件物品推開，來替代這個純粹的手勢，不管是一枝筆、一個杯子還是一個盤子。

一旦有人開始改變東西所放的位置，這很可能是表示他想把所聽到的話整理出一個頭緒來。另一個可能是：這個人不知道自己該說什麼，想在對話中重新找尋自己的定位，為此而拖延時間。

如果有人把雙手插在口袋裡，那麼他此刻就無法使用他的雙手。這很合邏輯，不是嗎？因此，這個手勢清楚傳達出此人現在不想動手幫忙，或是想要隱藏什麼！這兩種情況都有可能，不管是在具體的意義上，還是從引申的意義上來看。不過要小心，對方把手插在口袋裡也可能只是因為手冷！

再給各位一個小提示：如果把手插進口袋時，大拇指露在外面，夾在口袋上，這是種展現自身優越的舉止，穿牛仔褲的人有時會這樣做。因為大拇指是手指當中最強壯的，而對方以這種方式讓大拇指居於引人注目的位置。把大拇指插在皮帶上也具有同樣的意味。你不妨觀察一下牽手的情侶：大拇指在上面的那個人幾乎總是兩人當中比較強勢的那一個。

把雙手在背後交叉也是一個明顯展現出自身優越的手勢。這個動作讓上半身在未受保護的情況下暴露出來，證明這個人對自己很有把握，儘管一旦發生狀況時將無法自衛，仍然把雙手放在背後，所以，只有特別鎮定的人才會這麼做。

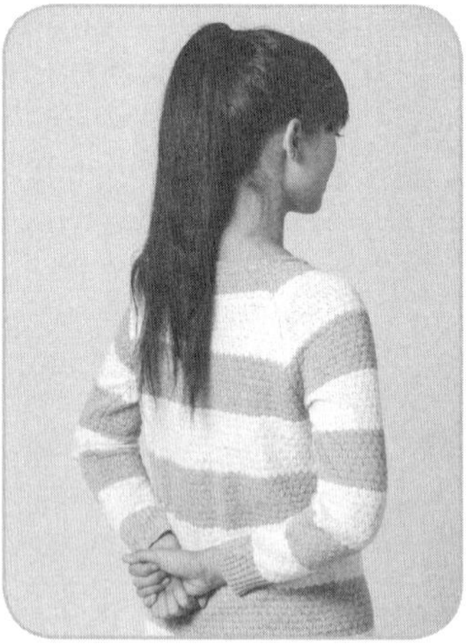

雙手在背後交叉，也是表現出優越感與鎮定的姿勢。

觀察握手的細節

和別人握手的方式也能進一步暗示出我們內心的態度。這個習俗最初是為了讓對方知道自己手裡沒有藏著武器，互相擁抱也是基於同樣的原因。握手給別人的印象要比一般人所認為的更為強烈，也許是因為大家認為這個手勢已經太過陳舊，無法表現出什麼。

針對握手這件事，科勒特（Peter Collett）在其著作《我看見你沒說出來的事》（Book of Tells）裡，提到科諾派奇（Allen Konopacki）在美國進行的一項實驗：

科諾派奇故意在一個電話亭裡留下一個二十五分的硬幣，接著觀察那些在他之後使用電話亭的人。所有的人都把那個硬幣塞進了投幣孔。等他們離開電話亭之後，一個學生上前去問他們有沒有看見他的二十五分硬幣，超過半數的人都謊稱自己並未看見那枚硬幣。

在這項實驗的第二階段，這個學生首先用握手的方式跟所有離開電話亭的人打過招呼，然後提出同樣的問題。這一次，撒謊的人只佔百分之二十四，也就是少了一大半！

由此可見，握手顯然產生了一種作用，而讓雙方感覺到對彼此有某種義務。對話的雙方同時做出這個動作，讓彼此居於平等地位。

不過，握手可以有許多種不同的方式。握手的力道可強可弱，握手的時間可長可短，在握手時所發生的事，其他人往往無法察覺，而從中卻可以推論出許多細節。

握手的力道強表示這人是個對手，他喜歡掌控一切，作風強勢，而且展現出力量。研究顯示，女性握手用力意味著坦率，但是在男性身上則沒有這層意味。

握手短暫而無力可能表示這個人感到沒把握，甚至是不在乎：「雖然我得跟你握手，但是我並不在乎你。」此人若非心不在焉，就是自負乃至於自戀。

如果握手的時間長，而其中一人不放開對方的手，表示此人是採取行動的人，同時也是展現出強勢的徵兆。短促的握手只顯示出冷淡。

我們常會觀察到一個人在握手時甚至用兩隻手去包住對方的手，或是用另一隻手抓住對方的手臂或手肘。這些動作看在旁觀者眼中像是表示友好，但主要其實是表現出強勢的信號，其次才是表示友好。這樣做的人掌控了這個儀式的進行，並且想要控制全局。

在握手時，手和地面通常成九十度角，雙方的手姿勢相同，沒有哪隻手在上或是在下，握手的過程很和諧。直到其中一人把手向上翻轉，藉由這個動作清楚地表示：「我接過了領導權！」藉此他明顯取得優勢，佔了上風，位在下面的手則落於下風。這又是另外一個例子，顯示出許多事我們雖然並未有意識地加以注意，卻仍然會產生持久的作用。

你握對手了嗎？
小心，不要太過強勢，
也不要讓自己吃虧。

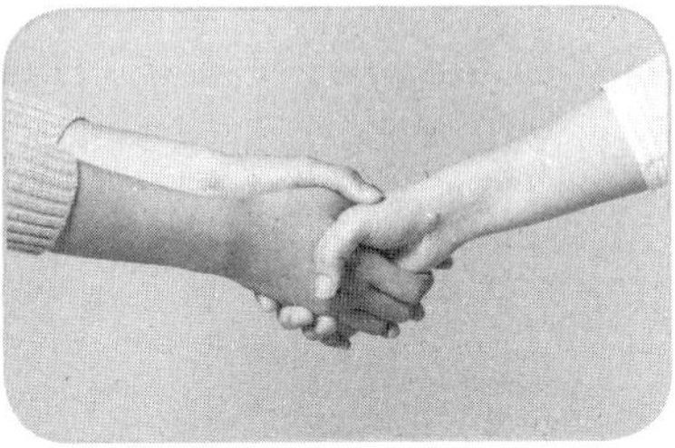

● 握手時用雙手包覆住對方的手，是象徵強勢的信號。

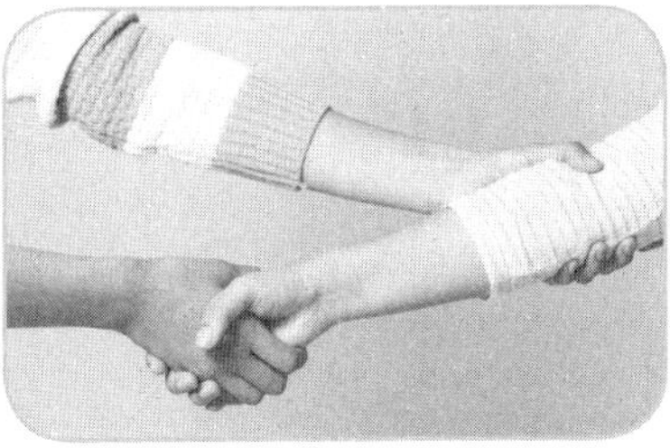

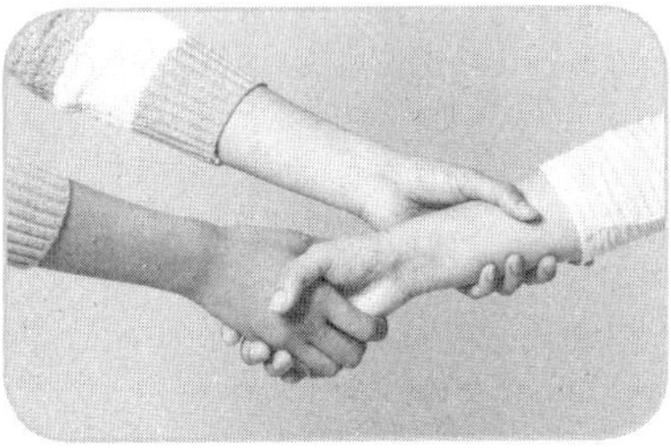

● 一隻手在握手，另一隻抓住對方的手臂或手肘，同樣是強勢的象徵。

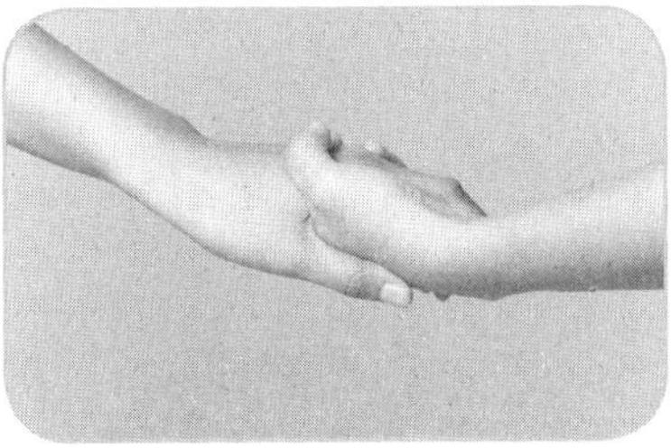

● 較勁的握手方式：手在上方的人表示佔了上風。

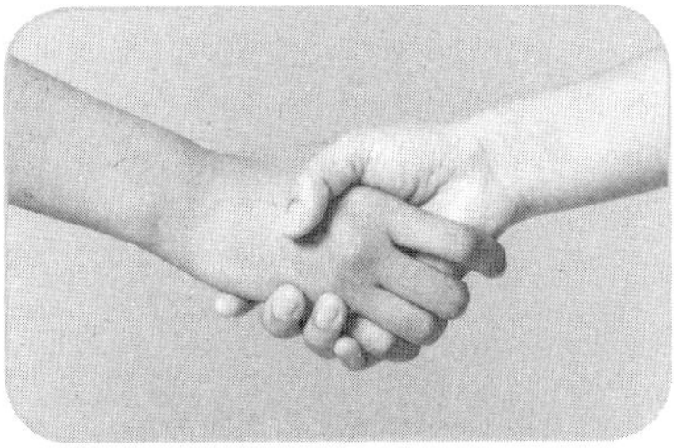

● 和諧的握手方式：雙方的手姿勢相同，沒有哪隻手在上方。

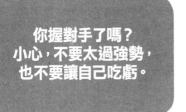

雙腿和雙腳暗示正確的方向

我們都認為自己的面部表情最能透露出我們的內心。也許正因為如此，大家都特別注意控制自己的面部表情。在大多數情況下，我們也控制得相當不錯，因此，單單只由面部表情來推斷對方並不見得總是可靠。我們較少考慮到自己的身體姿勢，因此，簡便的法則是：距離頭部越遠的身體部位，給我們的提示就越可靠，例如雙腳。雙腳可以顯示出一個人思考的方向，如果想知道一個人對一番談話是採取開放還是排斥的態度，最好是朝他的雙腿和雙腳看一眼。有些動作我們不願意用手來做，因為這會是個太過露骨的聲明，於是這些動作就由雙腿來執行。所以有時候一個人會很想在桌上敲手指，表示他不同意某件事，寧願結束這番對話，但他沒有這麼做，而把這個信號轉移到腳上，他抖動雙腳，表示：「我不能跑開，但我可以藉由抖動雙腳暗示出相似的動作，而保持住表面的禮貌。」

從另一方面來看：當一個人坐在你對面，也許他沒有把雙臂交叉，但卻把雙腿交叉？還是他突然把身體伸展開來，讓雙腿並排擺放？就跟雙臂一樣，所有的

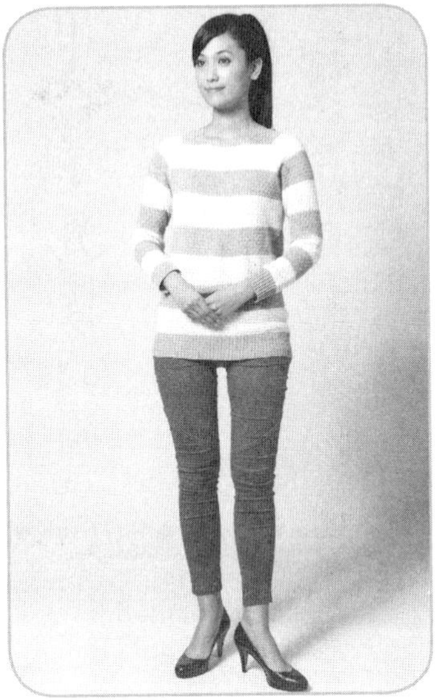

有一隻腳的腳尖突然轉開，表示對方心裡想朝著腳尖所指的方向離開了！

雙腳腳尖朝著對方，表示對方全神貫注在聽你講話。。

動作都可以向下轉移到雙腿上。如果一個人站在你對面，而他把全副注意放在你身上，那麼他的腳尖便會朝著你的方向。假如你換了一個話題，而對方的一個腳尖（甚至是兩個腳尖）突然從面對你的方向挪開，那麼你就可以假定對方寧願朝著腳尖所指的方向離開。各位還記得：能量會追隨注意力——我們只需要想著一個方向，我們的身體就會不自覺地朝著所想的方向移動。這股衝動往往可以從腳尖看出來。

用直覺來解讀肢體語言

有一件事很確定：以上所提到的規則都並非永遠適用。如果缺少細膩的理解力和在適當時刻的正確直覺，你也可能會弄錯。可是要如何才能獲得依直覺做出正確決定的能力呢？在漫長的演化過程中，關於知識和理智，人類學到了很多。許多研究已經探討過直覺這個現象，而最新的結果顯示：直覺其實比我們從前所認為的更為可靠，因為思考不可能不摻雜感覺，而感覺也不可能不摻雜思考。依我之見，思考和感覺之間理想的交互作用就是解讀別人肢體語言的鑰匙。稍後我還會再詳加敘述要如何學習訓練自己的直覺，讓我們可以依賴這分直覺。在此我想先藉由「聰明漢斯」的故事，來闡明直覺與解讀肢體語言之間的關係。

聰明的漢斯是一匹馬，在二十世紀初期廣受矚目。漢斯顯然能夠數數、計算、認出圖片、讀出時鐘上的時間，而且具有所謂的絕對音感。牠的主人歐斯登是位數學老師，花了四年的時間來替漢斯上課，教牠計算、閱讀和音樂。在課程結束之後，漢斯能藉由點頭、搖頭、用馬蹄敲地面來回答主人針對這些科目所提出的問題。在公開的表演中，這匹馬能數出來賓的人數，甚至解得開困難的計算題，牠能辨識出撲克牌，也認得出口琴所演奏的音符。牠的天賦造成了轟動，世界各地的報紙都報導了這隻智力出眾的動物。一九〇四年，柏林成立了一個委員會，由十三名專家組成，來檢驗這些表演的秘密何在，其任務在於排除歐斯登在表演中使用任何花招。該委員會仔細觀察了漢斯的表演，經過深入調查，得出的結論是歐斯登顯然並未使用任何花招。他們很確定歐斯登無法給漢斯任何信號，不論是直接還是間接都做不到，因為就算問題是由一個陌生人提出，漢斯仍然能夠解答問題。

傅恩斯特是這個委員會的成員，這匹引起轟動的馬令他百思不解，即使委員會已經簽署了一份鑑定書證明漢斯的能力，傅恩斯特還是繼續研究下去。有一天他忽然注意到，如果問問題的人本身不曉得答案，漢斯就無法解出答案。為此他進行了下面的實驗：答案的數字由另外一人寫在黑板上，進行實驗的人則站在黑板後面，看不見黑板上的數字。那個把數字寫在黑板上的人隨即離開那匹馬的視線。這時傅恩斯特讓那匹馬看見黑板，而只有在半數的情況下傅恩斯特本人也曉得答案。每當進行實驗的人不曉得答案的時候，漢斯就無法解答。傅恩斯特發現，只有當進行實驗者的肢體語言向那匹馬透露出題目是否被正確解答時，牠才能找出答案。

歐斯登大為震驚，不願意接受這個結果，他仍舊聲稱漢斯能夠獨力解答問題，幾年之後鬱鬱以終，因為這番說法毀掉了他的信譽。關於漢斯的下場只有片段的文獻記載，牠很可能在一次大戰的戰場上遭到了射殺。

儘管如此，漢斯的故事在科學上仍然具有很大的意義，因為這個故事證明了：單是進行實驗者的期望就可能對實驗結果產生極大的影響。如同第一章裡提到的那個例子，當老師被告知哪些學生資賦優異時，對學生的評分就會不同。這些認知促使許多科學家去做類似的研究，在「硬」的事實之外，也賦予「軟」因素應有的價值。因為大哲學家康德就已經指出凡是認知都是源自於興趣。

我引用這個故事有兩個原因。首先，我覺得這個故事令人信服，因為故事具有真實性。其次，就連漢斯那匹馬都能做到大多數人不知道自己也能做到的事，關鍵就在只要他們想這麼做。漢斯能夠準確地解讀進行實驗者的肢體語言。

正因為如此，即使主人不在場，而算術題目是由陌生人所提出，牠也仍然能夠解出答案。只要在漢斯的視線之內有一個人曉得答案，牠就有把握辨識出題目被解出的那一刻。那些科學家在研究牠的天賦時，竟然不明白這隻動物的成就多麼不可思議，實在令人納悶。

要解讀肢體語言需要正確的直覺。如果一匹馬能以這種方式解讀人類的肢體語言，那麼人類應該也學得會。

不過，要使直覺更加準確，必須不斷地練習。只要有機會，就隨時隨地觀察別人，把這變成你的嗜好。下一次碰到需要等待的時候，不管是去看醫生、在電影院前面排隊、在公車站等車，還是在咖啡館裡，就把你的天線伸出去。對我個人來說，往返於曼哈頓和史塔頓島的渡輪是最適合觀察別人的場所，形形色色的人聚在一起，有如在一座實驗室裡。像這類的場所再理想不過。

在觀察別人時，試著設身處地從對方的立場來思考。你能夠預測他接下來會做什麼嗎？假如你是這個人的話，下一刻你會有什麼反應？全心融入對方的角色，而且請抱持這樣的想法：這只是個遊戲，結果無關緊要。如果事情不成功，而你推測錯誤，那又有什麼關係？慢慢地，你推測正確的時候會多過推測錯誤的時候。如果你正在觀察的人走開了，就再找另外一個人來觀察。等到你在陌生人身上已經可以做出許多正確的推測，你就再去觀察身邊的人，包括實際上距離你比較近的人以及跟你比較親近的人，這樣做的好處在於你能夠更仔細地觀察對方，而且能用的時間或許也更多。你能將對方眼睛的動作正確地歸類嗎？對方的嘴巴如何改變？他會在特定的時刻一再做出洩露心念的動作嗎？還是習慣性的動作？等候的時間從不曾如此引人入勝！

身體引導著心智

保羅．艾克曼（Paul Ekman）被全世界公認為研究臉部表情的專家，他是解讀人類臉部表情並將之分門別類的先驅。他想研究出臉部表情是否有一套規則可循，我們能否像理解字彙一樣理解臉部表情。在他之前，許多科學家認為臉部表情是在幼年時期經模仿而習得，亦即從父母那兒學來的，基於這個理由，他們認為臉部表情應該和文化有關。為了找出這個問題的答案，艾克曼旅行至世界各地，甚至去到原始森林的原住民部落。他向各個國家的人展示照片，請他們解讀照片上的臉部表情——快樂、驚訝、悲傷、恐懼、厭惡或生氣。各個地方的人都能立刻正確地解讀這些表情，並且加以歸類。

艾克曼和同事弗里森（Wallace Friesen）密切合作，經過七年的研究，針對所謂的「動作單元」建立了一份龐大的目錄。這份目錄包含人類臉部經常呈現的肌肉動作組合，厚達五百頁，題為《臉部動作編碼系統》。直到今天，對研究臉部表情的科學家來說，這仍舊是重要的參考資料。動畫片《史瑞克》和《玩具總動員》裡的人物也是藉由這套編碼系統來創造出鮮活的表情。這麼可靠的一套系統在其他任何地方都找不到。

艾克曼和弗里森花了許多時間把人類的臉部表情歸類於各種情緒，用臉部表情把人類思緒的作用記錄下來。有一天他們自問：這整套系統反過來是否也一樣成立，亦即我們的臉部表情是否也會對我們的感受發生作用？答案是肯定的！這是項劃時代的認知。我們的思緒不是單行道，身體的姿勢和動作也會影響思想和感覺，就跟思想會影響身體姿勢一樣。

舉個例子：你還記得摩爾休那個實驗嗎？在下巴耷拉下來時做算術練習的那一個？下巴的位置對於計算能力產生了負面的影響。艾克曼也有過類似的想法。在做研究時，他和弗里森正好進行到對於生氣和痛苦這類臉部表情的分析。他們成天面對面坐著，對彼此做出生氣和痛苦的表情。過了一段時間以後，他們發現自己越來越悲觀，情緒也越來越差，每天工作結束時總是覺得很不愉快。為什麼呢？這根本不符合他們天生的個性。於是他們懷疑這跟他們一直向對方做出的那些表情有關。

針對這個假設，他們有系統地進行研究，最後發現臉部表情的確會讓自主神經系統產生顯著的改變。也就是說，我們不僅是先有了一個念頭或是一種情緒，然後這個念頭或情緒在臉上產生作用；反過來也一樣。藉由臉部表情，一種情緒可以被製造出來，也就是說，我們的臉部肌肉能影響我們的感覺！這兩位科學家的觀察得出了明確的結果：「我們覺得很難受。透過這種臉部表情，我們在自己身上製造出悲傷和痛苦。當我把眉毛垂下，上眼皮抬起來，上下眼皮緊繃，雙唇緊閉，我就製造出生氣的感覺。我的脈搏加速，每分鐘增加了十二下，雙手開始冒汗。那種感覺非常不舒服。」

一九八八年，德國心理學家史特拉克（Fritz Strack）在曼海姆大學也針對這個主題做過一項研究，先把受試者分為兩組，再放卡通片給他們看。其中一組被要求在片子播放時用牙齒把一枝鉛筆緊緊咬住，使得他們的嘴角被向上拉，如同在笑一樣。另一組則被要求把鉛筆用嘴唇緊緊夾住，使得他們沒辦法笑。結果用牙齒夾住鉛筆的那一組覺得那些卡通片好笑得多！

讀心練習

綳緊和放鬆

在椅子上舒服地坐下來。花一點時間把全身肌肉放鬆，輕鬆地坐著。

等你全身放鬆之後，請從你經歷過的事中挑出一次令你大為光火的經驗，然後仔細去回想，包括所有的細節。

再次回想那個經驗，在腦海中重新經歷一次，不過，仍然請保持放鬆！你能同時滿足這兩項要求嗎？你會發現一旦自己放鬆下來，就不可能同時又變得生氣。怒氣和恐懼需要綳緊肌肉才能產生，這表示，只要你能夠保持輕鬆和放鬆，那麼怒氣和恐懼就根本不會產生。反之亦然。

強烈的情緒是人性的一部分，每個人難免都會有失控的時候，而我們有時候也必須把怒氣和恐懼發洩出來。儘管如此，我們應該要明白自己隨時都可以選擇要以什麼樣的方式來反應。我是否神經緊張，容易發怒？還是我通常可以秉持「你認為世界是什麼樣子，它就是什麼樣子」的原則，以鳥瞰的角度來看待自己的問題，以便明智地加以解決？

心理學家兼訓練講師柯爾森很生動地描述了他在這些情況下的念頭，並且正中要點。在遇上困難時，他便想：「這個情況是我的教練，而我是它的學生。教練，謝謝你讓我接受這樣的考驗，我本來還以為你對我不再有信心了。」藉由這樣的想法，他製造出跟自己的距離。如果他還是生氣了，那麼他就使用「眨眼法」，這個方法是這樣的：假設你為了某件事發怒，那麼你就先發洩一下，這樣做的話，你在發洩過後就能再度放鬆下來，因為我們現在知道重點就在這裡，不過，你應該限制這個過程，並且以正面的方式結束。等到下次你再為了某件事生氣時，就對自己眨眨眼睛，你會發現自己的身體再度接過領導權，讓肌肉放鬆了下來，這樣一來，你就能夠放鬆情緒了。

這樣的過程是有可能的，我自己就是個最好的例子。幾年前一個影片拍攝小組要拍一集關於我的節目，我們一整天都在慕尼黑的市區跑來跑去，對行人進行各式各樣的實驗。末了我在一家咖啡館表演一個實驗，要在眼睛被蒙住的情況下認出物品，描述之前不曾看過的圖畫，並且照著畫出來。等我在表演結束之後拿掉眼罩，赫然發現有一個陌生人坐在我這一桌，這個人在攝影機前用很難聽的話罵我，說我是江湖騙子。這一招是製作小組故意安排的，存心想讓我上當！我為什麼提起這件事呢？只因為我想向各位指出一件事：就跟我和觀眾一樣，各位會得出正確的結論。請想像一下，你打開電視，看見兩個人坐在一張桌子旁，其中一個態度輕鬆而有自信，另一個則滿臉通紅地在罵人，你會對哪一個人比較有好感呢？腦中有了這樣的想法，我立刻就能放鬆下來。如同前面所說，身體會對想法產生作用，而想法也會對身體發揮具體的效果。

我的建議是：如果你心情沉重，想要讓自己心情好一點，那麼你就擺出能讓你心情好一點的姿勢。這個方法很簡單，但是很有效。站直身體，對自己微笑，同時保持放鬆。

還記得想像手裡拿著一顆檸檬的那個「檸檬的滋味」練習嗎（第四十六頁）？那也可以證明我在此想指出的一點。當你讀到咬一口檸檬，你的嘴裡就分泌出越來越多的唾液，而且單單只是靠著念頭的力量。順帶一提，所有的放鬆練習和靜坐，其重點也都在於此。靜坐被證實為有助於我們集中精神，找到平衡，並且把注意力專注於目標上。當別人引導我們這樣做，如同我在「檸檬的滋味」練習裡引導各位一樣，那麼我們就說那是「暗示」，或是催眠，這是同一件事情的兩面。這兩種情況都跟工具有關，藉由這些工具集中心念，以便有系統地運用來自內心的力量，同時從身體的表情推論出別人心裡的念頭。

第3章

用心念影響世界

「一切力量都來自內心。」心理學家金恩博士（Serge Kahili King）寫了許多本書，他認為這句話具有驚人的意義：我們總有辦法賦予他人與事件力量，也能斷然阻止他人與事件發揮力量。

這個力量被分配得很平均，人人都具有這樣的力量。身為讀心者，我能以各種不同的方式來證明這一點。不過，如果我真想打動你，讓你入迷，那我就必須成功地在你腦中製造出相應的感受。一旦在你腦中喚起了我希望你產生的念頭，我的公式就能發揮作用，就能對你的行為產生影響，甚至對你的身體功能產生影響。根據我在你腦中製造出的畫面——像是咬一口檸檬——你的身體就會自動做出相應的反應。也許由此還能產生完全不同的效果，且讓我們來看一看。

自我暗示的力量

根據美國催眠師麥吉爾（Ormond McGill）所下的定義：「催眠中所謂的暗示是不自覺地執行一個念頭。」也就是說，讓一個念頭直接進入另一個人的潛意識，並且讓這個念頭產生反應。「暗示」必定是以某種形式施加影響。依其強度的不同，受催眠者的感受和決定會或多或少被導往一個特定的方向。催眠師能夠把目標植入另一個人的潛意識中，或是改變那個人原本的潛意識，亦即使之轉向。因此，有所謂的「自我暗示」或「他人暗示」。

暗示的力量很大。藉由暗示的力量，我曾經讓觀眾在舞台上失去身體平衡，讓他們無法移動自己的手臂，或是讓他們忘記自己的名字。暗示一旦被對方的潛意識所接受，這個暗示對他來說就成了現實！因此，在別無其他理由可以解釋的情況下，一個人會把白紙或瓶塞當成現金，或是忘記自己的名字。不過，只有當我們自己接受暗示（不論是自覺或不自覺），並且相信其力量時，暗示才會發生作用，才會在我們的內心發揮力量。因為我們一旦深深相信某件事，意志力就會受到限制，也就容易受影響。信念往往會勝過意志——也許你會被這句話激怒，搖頭扔掉這本書，把這個說法視為無稽之談，可是在這之前，請試著想像下面這個情境：

讀心練習

深谷上的木板

● 把一塊大約二十公分寬、五公尺長的木板放在地上，然後從木板的一端跑到另一端。對你來說這應該毫無困難。

● 現在請你同樣拿一塊大約二十公分寬、五公尺長的木板，把木板凌空架在一座岩石深谷之上。你仍然能夠很輕易地從木板的一端跑到另一端嗎？差別在哪裡？爲什麼你現在的行爲態度完全不同？

知道深谷的高度讓你考慮到自己可能會從木板上掉下去，而當木板還鋪在地面上時，你無需考慮這一點。「可能會從木板上掉下去」的這個念頭將立刻在你腦中形成畫面，這個畫面會顯得越來越危險，就算你仍然想從跨越深谷的木板上走過去，在正常情況下，想到此事過於危險的念頭卻會阻止你這麼做。信念（或者說是一幅強烈的畫面）戰勝了你的意志。每一項暗示都藉由畫面的力量——亦即那項暗示在你腦中形成的畫面——產生了作用。那個畫面越是清晰地在你眼前浮現，暗示力量就越強。要解釋此一現象，請看看下面這個例子：

讀心練習

朝氣與能量（請閱讀左方的文字）

1. 你覺得朝氣蓬勃。
2. 在你閱讀這幾行字時，請均勻而平穩地呼吸，隨著每一次呼吸，有意識地吸收新的能量。你覺得很舒暢，清新的能量隨著每一個字在你全身擴散開來，從頭部一直到腳尖。

為什麼第二句話的效果要比第一句話強得多呢？因為我在撰寫時考慮到兩件事：第一，我讓畫面在你腦中成形；第二，我從你此刻所在之處說起，也就是在你閱讀這幾行字的時候。這種「當……的時候，接著……」或者「如果……那麼……」的暗示可說是暗示最強烈的形式。這種暗示也能在許多其他領域起作用：如果下雨，我就會心情不好；如果我的伴侶這樣做或那樣做，總是讓我光火；如果坐在汽車後座，我總是會暈車。你可以繼續列舉下去，用對你來說最平常的方式來連結兩個句子。當然，這種暗示也能朝著另一個方向發揮作用：

- 如果去看醫生，我的病很快就會好。
- 如果孩子因為撞到了東西而哭著朝你跑來，那麼你就溫柔地摸摸他的頭，信心滿滿地說：「如果我摸摸你的頭，那就沒事了。」

這類的連結或多或少不停地駕馭著我們，視我們緊張的程度以及腦中所形成的畫面而定，這些連結甚至可能產生比意志更強烈的作用。就算你不想流口水，只要專心去想著咬下一口新鮮檸檬，就會不自覺地開始分泌唾液，不管你想不想。另一個令人信服的例子來自性慾的領域：如果男性在腦海中進行鮮明的圖像式想像，他們會產生明顯的身體反應。因此，我們腦中在想什麼，這絕對不是無關緊要的事。我們可以用念頭毒害自己，也可以用念頭提升自己。心念所釋出的力量顯然屬於自我暗示的範圍。話雖如此，為了達成你的目標，你仍然必須努力，只不過信念能讓你在途中一直得到順風的吹拂，推你向前。如果意志在對抗信念的力量時落敗，這就明白表示你雖具有達成目標的意志，卻還需要去相信你確實可能達成目標。

在大學念了五個學期之後，我打算參加口筆譯學位的考試，進入專業課程訓練。這項考試包含許多項目，其中包括四篇筆譯：一篇從德文翻成英文，另一篇從德文翻成法文，還有兩篇是從英文和法文翻成德文。考試時不准用雙語字典和文法書。在學期當中我的翻譯成績算是不錯，雖然不傑出，但是也不差，唯有德文翻法文讓我有點傷腦筋，說不上來哪裡總是不太順，無法達到令人滿意的結果。在正式考試前的最後一次模擬考中，比起其他打算參加考試的同學，我做的翻譯最差，而距離大考的日子只剩下四個星期。然而我有堅定的意志要通過這項考試，也有堅定的信念，相信自己有能力通過這項考試。

於是，在考砸了模擬考之後，我去找教授商量，她是位法國人，非常聰明，也很樂於幫助學生。她當下就說我要通過考試大概不太容易，不過如果我想試試看的話，她很願意幫忙。聽她這麼一說，我整個人都垮了。我太太至今都還清楚記得那個晚上，當時我打算就此放棄，是她再度替我打氣，讓我明白即使只有這麼短的準備時間，只要我願意全力以赴，還是有可能通過考試。

於是，我在放假期間繼續到學校去，每星期固定交兩篇翻譯給我的教授。她把我的翻譯練習帶回家去改，再把修改過的版本郵寄給我。我實在不能抱怨學校沒有對學生提供足夠的個人輔導。

在我住的地方到處都掛著勵志的話語，隨處都放著外文的報章雜誌，不管我走到哪裡都不停地翻譯新的文章。每天早上在開始讀書之前，我先做四十五分鐘的氣功練習，在靜坐練習中我想像能夠激勵自己的畫面，例如，想像考試將會進行得十分順利，或是考後去看張貼出來的結果，看見自己通過了考試。在我的思緒中，我已經坐在考場裡做翻譯。一天中其餘的時間就用來苦讀，晚上則在廚房裡弄些特別的餐點來犒賞自己。

我的翻譯練習做得一次比一次更好，最後以良好的成績通過了考試。假如我當時只想勉強及格，那我肯定無法通過考試；假如我只是想像自己通過了考試，那麼我肯定也會失敗。但是每天早晨，透過在腦海中製造出的畫面，我啟動了內在的渦輪。我不讓自己對於通過考試這件事有任何懷疑。任何人想說服我這項考試超過我的能力，我都不予理會。最重要的是：我有能力在這麼短的時間內儘可能地加強自己的知識。只是做正向思考而沒有行動不會有結果，啟動正確的畫面，並且及時朝著目標努力卻能大有助益。每一個念頭都可以促使人朝自我實現邁進，並且讓人立即展開行動。鮮明的畫面可以排除任何懷疑。請再一次提醒自己，每一股能量都會追隨你所專注的念頭。如果你去想失敗，就等於把能量從成功的畫面抽走。你的自我暗示將會失效，或許還會更糟，它將招致失敗。你也不能讓思緒在正面和負面的畫面之間擺盪，因為這也不會讓你有任何進展。

由於你認為世界是什麼樣子，世界就是什麼樣子，你便能夠替自己的任何思緒和腦中的任何畫面找到證明。回想一下那個關於旅館清潔人員的例子，她們單單只是聽說打掃能夠減重，就果真減輕了體重；再回想一下那些在老師得知他們資賦優異之後，獲得較佳分數的學生。這就是暗示的力量。只有你能對自己的思緒負責，全部的力量都掌握在你手中。不過，你不能在思緒中把自己置於他人之上，因為人人都具有這種力量，這種力量分配得很公平。假如暗示不具有這種影響力，那麼我們晚上看電視就不會被廣告打斷，在收音機裡或許也能聽到格調更高的音樂，而不是只有連接廣告時段的商業音樂。廣告中所暗示的畫面直接訴諸我們的內心，目標明確，每一個細節都具有意義。

關於成功而具有說服力的畫面，這裡有兩個例子：

●在一項研究中，位於明尼蘇達州奧斯汀市的肉類罐頭生產商荷美公司，請專家檢驗該公司商標的說服力。單單只是在商標上添加了一根香菜，受試者就認為罐頭裡的肉吃起來更新鮮。

●在一項實驗中，七喜汽水製造商想測試罐子的顏色是否會對口感產生作用。結果是：罐子的顏色會影響飲料的風味。當罐子上的綠色中所摻的黃色增加了百分之十五，受試者幾乎一致聲稱該飲料喝起來更有檸檬味。

讀心練習

巴夫實驗

1. 天氣葬禮很適合
2. 他的養老院他母親去拜訪
3. 長褲上他留心筆挺的線條
4. 擔心別
5. 很慢他開車
6. 很健忘以前我
7. 既灰又舊西裝那套
8. 綿綿的那顆蘋果
9. 作家筆電寂寞地他的前面坐在

不，這不是「星際大戰」裡的尤達大師在說話，而是幾個句子裡的字詞，我在電腦上利用隨機排列的原則把句子打亂。請把這些字詞按照有意義的順序重組起來。

不管你相不相信，等你把這些字詞重組成有意義的句子以後，你的動作會變得比閱讀這幾句話之前慢！各位不妨試一試。我知道這實在令人難以置信，但一位聰明的心理學家約翰．巴夫（John Bargh）以實證方式研究過這個現象，並加以證實。如果看得仔細一點，你就會注意到：在方框中那幾行文字裡，出現了許多被我們自動跟老年聯想在一起的字眼（灰、縐、健忘……等等）。這些字眼讓你的潛意識去關心「人生短暫」或是「限制」這些主題。結果是你在下一刻的動作比起一分鐘之前慢了，不管你正在做什麼，也不管你之前在做什麼。

巴夫和他的同事把這種效應稱之為「促發」。我第一次得知這種效應是在葛拉威爾（Malcom Gladwells）的書《決斷兩秒間》。在許多實驗中，透過語言可以影響受試者所做出的反應，而當事人自己並不自覺。葛拉威爾描述過一個實驗，巴夫想藉由這個實驗弄清楚能否藉由「促發」，來讓大學生不自覺地變得更有耐性。在這個實驗中，兩組學生各做了一項文字測驗，其中一組得到了諸如好鬥、不耐煩、沒禮貌、煩人……之類的字詞，另一組得到的字串則是有禮貌、樂於助人、和氣、有耐心。

在兩組學生所得到的字串中，「關鍵字」的數量都並未多到能讓學生看穿這背後的邏輯。實驗若要成功，很重要的一點是不讓受試者察覺自己受到促發的影響。做完文字測驗之後，那些學生得繳交一份問卷給實驗主持人，並且得到進一步的指示。但是巴夫設法讓任何一名學生都無法接近那位主持人，那主持人總是在跟別人說話。這個實驗的目的在於測試那些用正面字眼促發過的學生是否會表現得比較有禮貌，等待得比另一組學生更久，而事情果然就是如此。

那些用負面字眼促發過的學生大多只等了五分鐘，就打斷了實驗主持人的談話，好讓他聽自己說話。得到有禮貌的字串那一組學生當中，有百分之八十二（亦即絕大多數）根本沒有打斷實驗主持人的談話。在十分鐘之後，這項實驗就自動中斷，所以我們不知道這些人究竟會等多久，會訓練自己的耐心多久。

荷蘭阿姆斯特丹大學的心理學家戴克斯特霍伊斯（Ap Dijksterhuis）和克尼朋貝格（Ad van Knippenberg）也做過一項類似的實驗。他們請大學生回答從問答遊戲裡挑出的問題，不過在提出問題之前，他們先請半數的學生花五分鐘時間想像自己是教授，並且寫下關於自己擔任教授的聯想；另一半的學生則被要求花五分鐘時間想像自己是流氓，在想像中扮演流氓，並且把相關的聯想寫下來。

接下來，先前假想自己是流氓的那一組只答對了百分之四十二點六的問題，假想自己是教授的那一組則表現較佳，答對了百分之五十五點六。這是個很大的差距！兩組學生都受過同樣良好的教育，而且所回答的問題難度相當。然而，透過促發，兩組學生處於完全不同的精神狀態。他們的角色認同對於他們作答的成績產生了決定性的影響。

在其他的實驗中，黑人學生若在測驗前必須先說明自己所屬的種族，他們的成績就會比白人同學差。顯然有許多微妙的刺激，促使我們去做某些事，或是阻止我們去做某些事。接下來的例子也反映出這一點：背景音樂是古典音樂時，顧客所買的葡萄酒會比背景是流行音樂時貴三倍。服務生在遞上帳單時若輕輕碰觸客人的手心或是肩膀，他得到的小費就會比較多。我們覺得裝在圓形容器裡的冰淇淋要比裝在方形容器裡的冰淇淋好吃。

現在也許有人會提出異議：如果我們這麼強烈地受到環境的影響，那麼「一切的力量都來自內心」這句話怎麼可能會是對的？難道我們只是傀儡嗎？不。因為我們可以設法認清這些面向，將之納入我們的思考中。唯有如此，我們才是主導者。現在讓我們來想一下，如何讓別人依循特定的軌道來思考。

他人暗示的力量

這是我的專長，而我經常看到，只要這些暗示被自信地說出來，不帶絲毫懷疑，它所產生的力量與作用有多麼強烈而直接。

舉個例子，尤里．蓋勒在他主持的一個節目裡替自己訂下目標，要幫助別人戒菸，幫助的人儘可能越多越好。

首先，他請現場觀眾把香菸盒從口袋裡掏出來，然後他從一數到三，等他數到三時，觀眾當中所有的癮君子就應該把自己的香菸盒扔到舞台上：一、二、三——幾百盒香菸飛上了舞台。同時他請電視機前面的觀眾把自己的香菸揉成一團，然後扔掉。接著蓋勒帶著堅定的自信嚴肅地看著攝影機，大聲而清楚地說：「從現在開始你們不再抽菸！」就只有這樣。結果是：幾十位現場觀眾和幾千名電視觀眾從此的確不再抽菸了。這件事後來經過調查證實。

只有一個例外：節目第一階段的優勝者雷文，在節目結束後拿了一個特大號的垃圾袋，把舞台上所有的香菸盒都拾了起來，這些香菸說不定直到今天他都還沒抽完。

從這個故事中我們學到了什麼呢？兩件事！第一：蓋勒的暗示實驗在雷文身上沒有發生作用。第二：一個簡單的要求若是既有力又有自信地說出來，就能變成一種暗示。

英國心靈魔術表演者布朗（Derren Brown）在他的著作《心靈戲法》中提到，他剛開始學催眠術時，頭幾次拿同學做練習，都需要花四十五分鐘來做誘導。這是指那些用來讓催眠對象進入心神恍惚狀態的話語，舉例來說，這些話語可以這樣開始：「現在你放鬆下來，你的呼吸很均勻、很平靜。漸漸地你的眼皮變得沉重……」讀者當中肯定有人在「自律訓練法」中聽過類似的句子。有一天，一個同學來找布朗，因為他聽說布朗具有不可思議的催眠能力，迫不及待要親身體驗這位催眠大師如何進行催眠。布朗極為專注地盯著他看了一會兒，突然斬釘截鐵地說：「睡覺！」而對方立刻進入失神的狀態！

二〇〇五年夏天，類似的事情也發生在我身上。我受邀在一場私人宴會上演出，表演了一個暗示實驗。我請一位年輕女士到舞台上來，請她閉上眼睛，輕鬆地站著。接著我請她放鬆下來，只注意聽我的聲音。最後我對她說：「現在我擰一下手指發出聲音，妳就會完全放鬆，整個人徹底鬆弛下來。」話一說完，那位小姐就立刻全身無力地倒了下來！我剛好還來得及把她扶住，差一點她就會失去意識地倒在舞台上。真是不可思議！從那以後，凡是願意做這個實驗的觀眾，我都請他們坐在一張椅子上。

不過，暗示實驗在每個人身上產生的作用強弱有別。有些人會立刻服從指令，如同上述的例子；有些人則不會如此容易接受。

潘恩和特勒是兩位傑出的美國魔術師，他們自稱為「欺騙藝術家」，目的在於揭穿騙徒，藉由展示其騙術如何起作用來娛樂觀眾。他們特別喜歡嘲弄那些自稱為具有神奇治療能力的人。

他們的電視節目有個很貼切的名字叫「胡扯」，在節目中，他們一步步地揭發那些所謂無法解釋的現象背後其實有十分簡單的道理，讓觀眾信服。他們訪問那些據說曾經被幽浮綁架的人，親自跟「死者」說話，並且分析神奇藥物的成分，讓觀眾明白不知情的大眾被一個龐大的產業騙取了金錢。

藉由一個實驗，他們證明了暗示的力量有多麼可靠，足以影響一般路人所做的決定。

他們買了一個用來掛窗簾的便宜銅環，把這個銅環拿給美國某地商店街上的行人看。他們問這些行人是否知道這是什麼東西，幾乎每個人都認出這是個掛窗簾用的銅環。接著他們問這些人願意付多少錢買這個銅環，大家所說的金額都在五美元以下。之後他們找來一個襯著絲絨的漂亮盒子，把銅環放進去，告訴幾位行人這個銅環上積聚了能量，能讓銅環的主人感到舒適健康。他們把銅環放在那些行人的手裡，問對方在碰觸到銅環時是否有種特別的感覺，也許是一陣麻癢，或是一種舒適的暖意。果不其然，大部分的人都說自己有正面的感受。

接著，潘恩和特勒更進一步地穿上白袍，搭起一個攤位，擺上專業的看板，自稱為科學家，正在研究這個特別的銅環所具有的「提供能量」效用。在這場展示中，幾乎所有人在碰觸到銅環時都立刻感覺到一種舒服的效果，大多數的行人願意花五十美元來買這個銅環。這就顯示出暗示的力量！只要一件白袍，再加上具有說服力的自信，賣方就能讓行人感覺到手指麻癢，並且覺得這種麻癢很有價值。

讀心練習

牛奶變酸了？

如果你想自己來做一下類似的嘗試，倒不見得非得拿著一個銅環站在商店街上。你可以在下一次請朋友到家裡來喝咖啡時，做一個具有類似效果的實驗。

大家舒舒服服地坐在一起，等著享用一杯剛煮好的熱咖啡。趁著還沒有人往咖啡裡加牛奶，你把牛奶盒拿起來，聞一聞，然後說：「噢，這牛奶已經有酸味了，真糟糕……」接著你做出噁心的表情，把牛奶盒再放回桌上，現在沒有人會往咖啡裡加牛奶。要賭一賭嗎？幾個朋友甚至會同意你的說法，表示那牛奶聞起來的確是酸了。你還可以強調牛奶已經有了一種奇怪的顏色，只要你深信不疑地說出來，還是會有幾個人附和你。然後你跟大家說你要去廚房拿新鮮的牛奶，再把同一盒牛奶拿回來。

在做這個實驗時，請特別留意你所用的確實是新鮮牛奶。

我讀大學的時候，最喜歡開的玩笑就是在圖書館裡偷偷溜到同學背後，用一塊從飲料販賣機裡弄來的冰塊去碰他們的後頸，同時喊道：「好燙！」被我捉弄的同學當中有幾個真的生氣了，以為自己受到了輕微的燙傷。我在大學時代沒有什麼朋友，原因也許就在這裡。

不過，我想要說的其實是我們能藉由表達出自己對某件事物的意見，有時候是故意誤導對方的意見，來降低一個人的批判能力，這樣做使得對方喪失了中立的判斷力。在對方還沒有不信賴你的理由之前，他是信賴你的，所以他會相信牛奶有酸味，或者冰塊感覺上是燙的。你預先做出的陳述讓對方無法做出客觀的決定。以這種方式，單單只是透過你所說的話，就能使別人用你的眼光來看事情。這就是標準的「他人暗示」。

瞭解了暗示可能產生的效果之後，各位就會明白像是「你反正辦不到」這樣一句話可以產生毀滅性的效力。美國催眠師麥吉爾曾提出讓暗示確實發揮效果的四個原則，以下是他研究出的結果。

讀心練習

麥吉爾法則

1. 對方的思緒必須圍繞著你所提出的想法打轉。「這牛奶已經酸了。」在你提出這新鮮牛奶聞起來有酸味之後，這個念頭才會被其他人接收。於是所有的能量都跟隨著這個念頭——由於你的關係，對方突然也有了同樣的感覺。在你做此暗示之前，肯定沒有人會想到牛奶也許有股酸味。你的朋友盲目地信賴你的判斷力，他們心想：如果你做出這樣的判斷，那一定有其道理！當大家基本上相信你的判斷力，而你提出了一個想法，其他人的思緒就立刻圍繞著這個想法打轉。此時要他們做出清楚、獨立的判斷就會變得很困難。

2. 為了讓其他人的思緒圍繞著你所提出的想法打轉，有一點十分重要：你必須深信不疑地說出你的判斷，話語中不能摻有絲毫懷疑。一旦對方有了一點點懷疑的理由，這個暗示練習就泡湯了。

3. 對方必須在絲毫不加批判的情況下接受你的暗示。因此，選擇合適的詞語非常重要，你的暗示透過你所選擇的論證來起作用。關於這一點，稍後我還會再加以敘述。

4. 你的暗示必須能讓人信服。端出來的牛奶酸掉了，在現實中的確可能發生，但你的暗示絕不能超出現實的可能。假如你說：「這牛奶聞起來像紅酒。」可能就做得太過火了，只有極少數人會接受這個想法。在一種情況下，這類暗示最能產生效果，亦即當所暗示的事原本就是對方期望發生的。一個感到疼痛的人最希望的自然是痛楚能停止，在這種情況下，只要有助於減輕疼痛，他什麼都願意相信。不過，如果只是說：「你的疼痛馬上就會消失！」不會有什麼效果，換成這個說法會比較好：「現在你閉上眼睛，放鬆下來，越來越放鬆。當你放鬆下來，感覺到困擾你的疼痛變得越來越輕，直到你不再感覺得到。你感到那股疼痛離你越來越遠，馬上就會完全消失！現在你若睜開眼睛，就會更進一步放鬆，再也不會有事困擾你。睜開你的眼睛，現在你覺得非常舒服！」藉此的確能減輕一部分的疼痛，這是經過證明的。

我太太克莉絲提娜就是個暗示大師！在寫這幾行字的時候，我坐在義大利托斯卡尼一棟美麗的屋子裡，只可惜兩個孩子在這次度假時患了中耳炎，必須服用抗生素。我女兒不在乎吃藥，可是我兒子拚命抗拒，甚至把藥吐出來。不過，倒是有一種咳嗽藥水是他很喜歡喝的，於是我太太問他想不想喝一點這種咳嗽藥水，他馬上點頭，接著她拿來那支喝咳嗽藥水用的湯匙，把抗生素倒在上面。我兒子沒有抱怨就把藥吃了，雖然他其實應該能嚐出藥的味道，但他沒有尖叫，也沒有嘔吐，這就是暗示的力量在日常生活中發揮的作用。讀者當中也許有人會想，這個故事只是顯示出一個孩子上當了，雖然是為了他自己好。這樣想也沒錯，在這個例子中，這是同一回事。

語言創造出現實

黑格爾說：「**語言是思想的身體。**」語言具有種種功能，透過語言，我們能夠跟彼此接觸，能夠感動別人，傷害別人，讓別人墜入情網，咒罵別人——這一切都是透過語言才可能發生，我們沒有一天不在使用語言。語言這個秘密在我的許多舞台實驗中發揮了作用，藉由語言，我得以在舞台上建構出另一種現實。當我辦到時，對我而言那就是最美好的時刻。

幾個最重要的神奇字眼

我可以向各位透露一個秘密嗎？你們在這一章裡讀到的內容會讓你們心裡不安。如果你生性善感，或是對於操控別人有道德上的顧慮，那麼請務必跳過這幾頁，千萬不要往下讀。不過，據我所知，在市面上除了各位手上拿著的這本書之外，沒有別的書能告訴你們操控式心理學最黑暗的運用方式。

如果在我這樣說明之後，你們還是繼續往下讀，那麼我用語言來控制的第一個技巧就已經成功了：我喚起了恐懼。這種技巧很少被使用，用來喚起注意力卻極為有效。因此，在晚上的表演節目中，我總是用這幾句話來開場：「各位今天晚上將會看到的事情將使某些人感到不安，儘管如此，我還是要表演給你們看。」

也就是說，當你想要引起對方注意時，就可以用這個技巧。假設一位新的生意伙伴詢問你的嗜好，而你希望你的回答能夠得到對方的全副注意，可以這麼說：「你真的想知道嗎？要是知道我都做些什麼休閒活動，很多人會覺得害怕……請你靠過來一點，我不想讓大家都聽見。」保證對方會放下一切來聽你接下來要說什麼。

第二個被證明有效的技巧我已經提過了：透露一個秘密。如果你希望別人專心聽你說話，你就小聲地說：「我告訴你一個秘密。」任何人都會馬上豎起耳朵，因為秘密總是引人入勝。當然，你也可以用別種方式來導入你想說的話，比如說：「通常我不會談這些，但是……」，或是「你得答應我不會把這些話告訴別人」，或是「請不要說出去……」。各位還記得我在第一章裡講過的那個故事嗎？當鄰座的人小聲地問我：「我可以問你一個私人問題嗎？」他肯定贏得了全桌人的注意。在這句開場白之後，你還應該神秘兮兮地四處張望，朝對方彎下身子，比之前更小聲地往下說，因為誰都不會把秘密大聲說出來。

席爾迪尼（Robert Cialdini）寫過一本書叫做《透視影響力——讓人乖乖聽話的說服術》，書中提到美國一位名叫文生的服務生如何藉由這種技巧，大幅提高了他所得到的小費。在美國，服務生通常會努力賣出價格高的菜餚，因為餐廳並不付他們薪水，而是以客人結帳金額的百分之幾做為他們的酬勞。帳單上的金額越高，他們的酬勞也就越高。

但是文生並不想笨拙地向客人推銷最昂貴的菜餚，而是以更微妙、更可能成功的方式進行。在接受客人點菜時，他會微微向前彎下身子，對客人說：「我偷偷告訴您：您點的這道菜今天恐怕做得沒有平常那麼好，我覺得您不如選X或是Y。」他所推薦的菜餚要比客人之前所點的菜價格略低，很顯然文生這樣做是為了客人好，而沒有考慮到自身的利益。可是正因為如此，他贏得了客人的信賴，所以他拿到了相當豐厚的小費。此外，在推薦合適的葡萄酒和最好的甜點時，他想怎麼推薦都行！如果不是他推薦，那些客人可能根本不會點甜點，也不會點葡萄酒來搭配食物。

所以，如果你想從某個人那裡得到什麼，事先暗中讓對方得到一點好處會大有幫助。當你表示要透露一個秘密時，就是在這麼做。現在你知道該怎麼辦了，不過請別說出去……

「還是……」

大家往往低估了「還是……」這兩個字。一家修車廠靠著這兩個字就賣出了雙倍的雨刷。「他們是怎麼辦到的？」各位會覺得詫異。很簡單：當一輛汽車被送到修車廠來做例行檢查，工作人員就會問：「您只想做例行檢查嗎？還是想順便換一下雨刷？」單單是提出這個可能性就增加了雨刷的銷售量。由此我們得出了一個好用的公式，這個公式如下：「只要……嗎？還是也……？」如今這個公式已經有了大批愛用者，到處都聽得到：「您只要薯條就好嗎？還是要加上番茄醬和美乃滋？」「您只想報名參加我的演講，還是也想提供您公司的同仁一場研習？」「您只想替孩子買一輛遙控汽車，還是要連電池一起帶？」各位可以看見，這幾個字在許多領域都能派上用場。

不過，「還是……」這兩個字的功能還不止這些。想像一下，家裡有客人，大家過了一個愉快的夜晚，受邀的客人待得比預期的更久。你知道自己隔天早上必須精神飽滿，因為明天會是忙碌的一天，可是客人在吃過飯、喝了幾杯葡萄酒後還沒有告辭之意。你當然可以說自己第二天還有重要的約會，不過你也可以用更優雅、更微妙的方式來表達，只要說：「你們還想再來一杯葡萄酒嗎？還是……」這句話的音調很重要！在說這句話的時候，你必須把聲音在句尾上揚，就跟所有的問句一樣。於是「還是」這個神奇的字眼就會跟「葡萄酒」一樣以提高的音調被說出來。通常客人會說不用了，而且很快就會告辭。

如果你把「還是」兩個字接在一個問句之後，那麼幾乎總是會得到否定的回答。只需稍加思考要把一個建議轉換成問句有多麼容易，你就會發現這種技巧多麼有價值：「你今天想待在家裡嗎，還是……？」「你想吃最後這一塊巧克力嗎？還是……？」不過請小心，像我女兒就絕對不會上當！「你介意我今天晚一點回來嗎？還是……？」

對方聽見「你還想再吃一塊巧克力嗎？還是……？」這句話，就會自然而然地在腦海裡把這句話說完「……還是不要！」也就是說你內心的對話已經傾向於說「不要」。心裡想著「不要」，嘴上卻說「要」，這會造成壓力，所以我們多半會說「不要」。若你在問對方的時候再輕輕地搖頭，成功的機會就會大幅提高。反過來也行得通：如果希望別人回答「好」，那麼你在問問題時就表示肯定地點點頭。要是對方注意你、關心你，他就會不自覺地跟著點頭。一邊點頭，一邊說「不」是很困難的事。各位已經知道了，身體也會影響我們的念頭。

用「因為」和「由於」來說明理由

如果你向對方說明一件事的理由，而不是讓對方自己去找出這個理由，得到對方贊同的機會就比較大。假設你站在機場辦理登機手續的櫃臺前，時間十分緊迫，而你前面還有四個大家庭，各帶有六個特大號的皮箱，你自己則只有手提行李。你的飛機在三十分鐘之後就要起飛，而你就快要來不及了，因為在來機場的途中碰上了大塞車。想像一下你走向排在最前面的那個人，問他：「可以讓我先辦嗎？」你成功的機率會有多高？也許你運氣很好，剛好碰上一個特別體諒的人，但這個可能性很低。然而，如果你說明為什麼對方這樣做會幫你一個大忙，成功的機會將大大地提高。所以，這樣說會比較好：「可以讓我先辦嗎？因為我之前碰到塞車，而我快要來不及了，我的飛機在半小時之後就要起飛。」如果此刻你再順便表示自己只有一件手提行李，顯示你能快速辦理登機手續，那麼對方讓你先辦的可能性就很高。

一旦你說明了做某件事的原因，對方就不至於針對你的動機做出錯誤的猜測。各位還記得在第一章裡曾經談到期望與經驗的意義嗎？我們的期望決定了我們對世界的看法。只可惜你並不知道其他人的期望是什麼。其他那些在排隊的人怎麼會知道你不是個想要插隊的討厭鬼，而真的有很好的理由請求別人讓你先辦？人都喜歡猜測，想替所有的事情找出一個理由。為了避免別人往錯誤的方向想，最好是自己立刻提出正確的理由。

重疊的指示（「……並且……」）

曾經有人做過一項問卷，調查大家所恐懼的事，經過分析後，列出了十件大家最害怕的事，而死亡排名第二——這不是印錯了，你也沒看錯，死亡的確只排在第二位。究竟是什麼比死亡更讓人害怕呢？排名第一的恐懼是：站在眾人面前演講。這就是大家最害怕的事！美國喜劇演員傑瑞盛菲德由此得出了一個結論：

「這表示在一場葬禮上，我們寧可躺在棺材裡，也不想站在眾人面前致悼辭⋯⋯」

瞭解這一點之後，各位不難想像，要請觀眾上台來協助進行一項表演往往不容易。假如我只是猶豫地說：「可以麻煩您到前面來嗎？」那我肯定得花很長的時間，直到終於有一個富同情心的觀眾答應我的請求。大家往往不想聽從這樣的要求。我自己在鼓勵觀眾上台參與時幾乎從不曾遇到困難，因為我用了一種十分可靠的策略：把指示重疊在一起。我沒有只說：「請您到前面來！」而是說：「請您站起來，並且到前面來！」各位看出差別在哪裡了嗎？一旦我把兩個命令結合在一起，兩個命令都會被聽從，雖然這兩個命令如果分別單獨說出的話，很可能都會遭到拒絕。

「並且」這個字眼把這兩個命令連結在一起，所以其實很簡單：你下達一個指示，再用連接詞「並且」把這個指示跟第二個指示連結在一起。按照這樣的公式：指示——並且——指示，對方得到的資訊超過了他所能處理的。要拒絕一個要求比較容易，同時拒絕兩個要求就比較難了，而由於不知道應該先拒絕哪一個，因此他很可能兩個都會接受！這樣做的好處在於對方根本沒有發現你影響了他。這個方法適用於日常生活中的各種情況：

● 「到樓上去，並且把你的房間整理一下！」
● 「看著我，並且說話呀！」
● 「過來這裡，並且親我一下。」
● 「做好那份紀錄，並且寄給我！」
● 「請打電話來，並且詢問我們！」
● 「拿起電話，並且打給我們！」

各位可以看見這個公式運用起來非常簡單，而且變化也很多。當然，你無法讓別人完全服從你的意志，只要兩個命令中有一個是對方根本無法接受的，那麼他也就不會聽從另一個。我自己也還一直在練習「到樓上去，並且把你的房間整理一下！」這個句子。順帶一提，如果你把要說的話有把握而且有權威地說出來，成功的機會將大幅提高。請你要有自信，並且直視對方，你將發現這個技巧有多好用。

設法先喊出對方的名字

各位親愛的讀者，想想看，在生活中你們最常聽見哪幾個字？除了「不」、「並且」之外，我們最常聽見的，就是自己的名字，而且我們特別喜歡聽到自己的名字。曉得這一點之後，從今以後在跟別人談話時，你應該設法先喊出對方的名字。

求生專家內貝格在他的一本書裡描述我們在極端的情況下應該如何自處，例如受到拷問或是審訊的時候。他提供的第一個訣竅是：「設法得知對方的名字，用這個名字來稱呼對方。」我很慶幸自己從不曾落入如此悲慘的處境，也不知道那些逼供的人在動手之前是否會自我介紹。雖然我在青少年時期嗜讀內貝格的書，而對於這項建議直到今天都還有所懷疑，不過，這一點基本上正確而且重要：當你需要跟別人進行交涉時，問一下對方的名字，並且要在說話時用上！大家都喜歡聽見自己的名字，學習以對你有利的方式來運用這項事實，而當你的建議是針對個人提出時，對方也會比較願意接受。

●「都倫，你可以過來幫我一下嗎？」

●「很高興認識妳，克莉絲提娜！」

●「瑪蓮娜，今天晚上打電話給我好嗎？」

●「你一定會來參加我的生日派對吧，曼弗瑞？」

不過，在句首還是句尾提到對方的名字會有一點差別。如果在句首就提到，你可以確保能得到對方的全副注意。如果在句尾，若是用錯誤的音調說出來，可能會顯得過於親暱，也可能會讓對方覺得你頤指氣使，例如：「你到底有沒有在聽我說話，馬茲？」所以請避免過於強調放在句尾的名字，這很容易讓對方產生錯誤的印象！

大家常覺得要記住名字很難，其實並沒有那麼難。如果你覺得自己根本記不住別人的名字，不妨去參加一場關於記憶技巧的研習，上一堂記憶力訓練課。你也可以買一本書，藉由書籍的幫助來學會記憶的技巧，針對這個主題而寫的書籍很多，裡面有許多很好的建議。

不過，在這一點上，最重要的一個訣竅我現在就可以告訴你：請你從現在開始，下定決心在第一次嘗試時就記住剛認識的人的名字。在對方被介紹給你時，多留心一點，並且下定決心把這個剛認識的名字長期儲存在腦中。你會發現，如果你在當下百分之百地專注，並且把那個名字在心裡重複一次，多半就能記住，這個簡單的舉動能夠帶來很好的成果。另外還有一個記住對方名字的好辦法：得知剛認識的人名字以後，在想像中把一個名字相同的熟人跟對方並列。只要運用一些技巧，要記住新認識的名字其實並沒有那麼難。

說到與人結識，我想起一個很棒的故事。美國有一個魔術師以記憶力特佳聞名，每一個他新結識的人在歲末都會收到他寄來的聖誕卡，上面有佳節的祝福和完全針對收信人而寫的幾句話，在這幾句話當中，他總是詳細地提及他們認識那一天彼此之間的談話。談話中隨口提及的家人名字，他們認識的場合和地點，還有當天晚上大家都談了些什麼，這一切，那位魔術師都記得一清二楚。他能夠回想起所有的細節，還能夠正確記得當時那個人是誰，這實在不可思議！大家全都很佩服，自然也提升了這位神秘魔術師的形象。他果真擁有如此可靠的記憶力嗎？其實不然，他只是使用了一個妙招：在新認識了一個人之後，當天晚上他就把卡片寫好，然後等到聖誕節時再寄出去。真厲害！

「不要……」

「我想你現在最好不要再往下讀了，接下來的東西對你來說沒有什麼意思。」我這個要求只會產生反效果，讓你對於接下來的內容更好奇，對不對？這個技巧跟本章一開始時提到的那個技巧很相似，那個技巧是喚起對方的恐懼，這個技巧則是想喚起各位的好奇心。

「不要」不是個好詞。如果我請你不要做某件事，那麼在這個要求中正好喚起了我想避免的影像。我們的潛意識不懂得「不要」這個詞！所以當你讀到「不要往下讀」，你的潛意識會立刻自動跳過「不要」兩個字，而你當然會繼續往下讀，甚至懷著比之前更強烈的求知慾。你本能地想著「往下讀」，從而扭轉了那句話的意義。

想像一下這個場景：你在一家餐廳裡，鄰桌坐了帶著兩名幼兒的一家人。一個孩子手裡拿著滿滿一杯汽水，他爸爸嚴肅地說：「小心，不要把杯子打翻了！」幾分鐘之後肯定會發生什麼事？沒錯，杯子打翻了。關於這一點還可以舉出很多例子：

●「不要害怕！」結果呢？對方不但覺得害怕，也許還比之前更怕。

●去看醫生是個更明顯的例子。「不要怕，不會痛的！」結果對方繃緊了所有的神經，等待著疼痛。

你可以故意說出這些殘忍的句子來折磨對方，也可以用相反的方式來改善情況。避免使用「不要」這個否定的字眼，我本來也可以寫道：「請不要說『不要』。」拿上述的例句來說，不妨改成：

●「你可以完全放心。」

●「放心，等醫生看過之後，你就會好多了。」

你看出差別在哪裡了嗎？這要比直接下達否定的命令更有意義。否定的命令只會強調你不希望發生的結果。所以，親愛的家長，從現在開始，在餐廳裡請只跟孩子說：「要小心喝。」

不僅如此，用這短短兩個字還能使出一個很普通的招數，可以故意用「不要」把一個念頭植入對方的腦海中！你故意不用正面的說法，好把對方的思緒導往另一個方向，也就是：「不要做X和Y，除非你想要Z。」以下是幾個例子：

- 「不要買這個DVD播放器，除非你想要品質最好的播放器。」
- 「不要讀這本書，除非你真想把考試考好。」
- 「你不需要把餐具擺好，除非你想幫媽媽一個大忙。」

聽到這句話的前半段之後，對方會豎起耳朵。他們會感到好奇，等待這句話的後半段，他們所希望得到的解答最後就出現在後半段裡。

你認識那種老愛唱反調的人嗎？不管你說什麼，他們總是要跟你爭論，向你說明為什麼你剛才所說的話不對。這些人的開場白通常是「話雖如此，可是……」或是「你這麼覺得嗎？」不管你提出什麼建議，他們基本上都會說不。不過，你只要把這一點考慮進去，就可以好好利用這個事實。只需要把你的想法用否定的方式提出來，就能以迂迴的方式達到你原本的目的。這裡是幾個例子：

- 「你今天晚上肯定不想去看電影。」
- 「你肯定不喜歡這個提議。」
- 「你今天肯定不想去市區。」
- 「也許我不是承擔這項任務的適當人選。」

各位看出這個技巧有多麼簡單了嗎?用「不要」這兩個字可以做出有效的口頭控制。不要這樣做——除非從今以後你想要更好好維護自己的利益。

到目前為止,我談的主要是你可以刻意使用的一些技巧和字眼。不過,要成功地左右別人,有幾個字眼最好要避免去用。曾經有人研究過成功人士與位高權重者所使用的語言,從中可以篩揀出一些言語模式,很顯然有一些字眼這些人幾乎從來不用。

「其實……」

你可以把這個字眼從你的字彙中刪除，這是個缺少正面意義的字眼。請看看下面這幾個例子，各位可以自行判斷：

- 「其實我跟你說的都是實話。」
- 「其實我很愛你。」
- 「其實這是個很好的提議。」
- 「其實我很適合接下這個任務。」

這些句子都表達了些什麼呢？這些話裡總是帶了一點負面的意味，因為「其實」這兩個字留下一道敞開的後門。尤其令人尷尬的是，對方也會看出你替自己留下了抽身的可能，在最壞的情況下，對方會變得猜疑，感覺到事情跟你所說的不太一樣。請把這兩個字從你的字彙中刪除！

「也許……」

●「也許我會跟你們去看電影。」

●「也許我可以準時完成工作。」

「也許」這兩個字就只表達出你沒有把握！大家都知道這是在替自己留下脫身的可能，顯示出你其實並不想去做。可是不管是在私底下，還是在職場上，誰都寧願跟有決心的人一起工作，對不對？所以最好是換個說法：

●「如果我能準時下班，我就來得及去電影院。不管怎麼樣，我都會打電話給你。」

●「目前我手邊工作很多，但我會儘可能準時完成你所交付的工作。」

「不過……」

「這菜很好吃，不過妳以後不必再煮了。」這話是我哥哥小時候對我母親說的，很顯然他不想讓她難過。「不過」這兩個字起了什麼作用？這兩個字抹去了句子的前半部，而強調了在「不過」之後出現的後半部！聽到上面那個句子，你最後聽見的是什麼？你聽到的主要部分是我母親不該再煮這道菜。當然，你也可以好好利用這兩個字。可是如果你不想對一句陳述做出價值判斷，那麼最好把這句話的後半部整個刪除，或是用「而且／還有」來取代「不過」。這樣一來，自然而然比較不會遭到對方反駁，因為「不過」這兩個字簡直就是在邀請對方來反駁。尤其要命的是「是啊，不過」這種變體，這句話實際的意思就是「不」。

●「剛才的簡報很棒。」——「是啊，不過我比較喜歡前面那一個。」

凡是用「是啊，不過」開頭的話，都還包含了「是」這個字，在接下來的討論中，你就應該把重點放在這個字上面，也就是假裝對方剛才只說了「是啊」，而把「不過」那兩個字忘掉。拿上面那個例子來說，這表示你接下來就只談這場簡報哪些地方讓你特別欣賞，對方通常不會察覺你在引導談話的方向。這個方法總是管用嗎？當然不是，但在大多數的情況下能夠產生效果。假如對方覺得這場簡報很差勁，只是基於禮貌不想直說，那麼你就無法用這一招來改變他的心意。但對方如果也很喜歡這場簡報，只是覺得另一場簡報更好，那麼你就巧妙地繞過了言語的暗礁，能夠讓談話不要離題。

「我得誠實地告訴你……」（老實說……）這句開場白

聽這句話的意思，難道你平常都不怎麼誠實嗎？當你在提出一個特定論點時強調自己的誠實，就可能會讓對方產生這種印象。這句話帶有負面的意味，反而會製造出反效果。我最喜歡的一個例子是：在德國《尋找超級巨星》選秀節目中，一位參賽者對某個問題的回答是：「老實說（接著他沉吟了很久），可以說是，也可以說不是。」

「有人……」

聽到「有人」這兩個字，誰也不會覺得對方是在跟他說話。每次我太太對我說：「該有人去把草割一割了。」我通常會回答：「我沒有意見。」誰是這個「人」？誰也不是！如果你在開會時說應該「有人」去做這些事或那些事，沒有人會覺得那「人」指的是自己。同樣地，如果你說「有人」把事情做得很好，也沒有誰會覺得自己受到誇獎，你的讚美撲了個空。

「人」這個字沒有特定的指涉對象，所以缺少力量。政治人物經常使用這個字，當他們不想負責任，只想做一般性的陳述時。請留意「沒有人會做這種事」和「我不做這種事」以及「我不希望你做這種事」之間的差別。

「你」

每個人都喜歡聽到跟自己有關的事，關於他的興趣、他的成就、他的人生，這對每個人來說都很重要。你可以利用這個事實，而多多使用「你」或者是「您」這個字。在跟對方說話時，試著盡量多用「你」來開頭。這樣一來，你也有機會從對方的角度來提出論點，亦即以對方看事情的方式把你的論點包裝起來。舉例來說，假設你想跟伴侶一起去看電影，那麼可以嘗試這樣開頭：「你不是想去看喬治克隆尼那部新片嗎？今天晚上我們一起去看怎麼樣？」

「總是」、「又來了」、「從不」

如果你想讓伴侶關係劍拔弩張，那只需要在批評對方時一再使用「總是」、「又來了」、「從不」這些字眼。

經常使用這些魔鬼般的字眼已經毀掉了許多婚姻，就像「我早就跟你說過了」這句話一樣。類似這樣的慣用語都是禁忌：

- 「又來了，你又忘了……」
- 「你總是說……」
- 「你從來不做……」

這些慣用語把一切都籠統概括了，讓彼此無法把事情澄清。這些話很難讓對方有所改變，而你卻正是希望他改變！所以最好不要籠統地談事情，而要針對具體的事件和伴侶溝通：「這讓我很受不了，下一次請你……」這樣一來，他就不能怪你對他做概括性的批評，而必須就具體的事件加以檢討。

言語的小差異，會造成大效果

音樂取決於聲調！我在第二章裡曾經提到一項研究，該研究聲稱一個訊息只有百分之七取決於內容，卻有百分之三十八是由語氣來傳達。加州大學的麥拉賓教授在一九六七—六八年進行了這項研究，於一九七一年發表，這項研究把兩項原本分開的調查大幅簡化後再混合在一起。麥拉賓後來一再強調該研究並未提出有關溝通的一般通則，請大家小心使用這些數據。儘管如此，研究仍然顯示出肢體語言和聲調的重要。

非語言的訊號所佔的比例究竟是百分之九十三還是百分之八十，對我們來說並不是那麼重要。重點在於，我們能接收到這些非語言的訊號，並且正確地加以解讀。

一個人的音色很難改變，但我們能夠掌握的部分也具有很大的力量。我的聲音訓練師卡琳總是對我說：「有時快，有時慢，有時候大聲，有時候小聲，這就是很好的基本原則。」

在聲調和聲音上，各位還可以注意下列幾件事：

- 速度：對方說話是快還是慢？
- 聲音的高低：對方是提高了聲音？還是壓低了聲音？
- 音量：音量正常還是加大？
- 發音：每一個字咬字有多清晰？
- 節奏：對方是否在不該停頓的地方停頓？

舉例來說，在不曾受過良好訓練的主持人身上，我們馬上聽得出他們是否在背稿子，還是在自然地說話。

重點在於培養出對聲音這些特質的自覺，有意識地加以運用，在這一點上，各位的直覺將提供很大的幫助。哪一種人會顯得比較激動：是那些口齒不清的人，還是那些慢慢說話、咬字清楚的人？

讀心練習

言語控制的四大步驟

1. 說對方的語言

傾聽對方如何說話，並加以配合。

如果對方經常使用外來語，那麼你也跟著用。如果對方使用比喻，你就更進一步地使用這些比喻！

根據對方所屬的類型以及當時的情境，你可以在說話時選擇使用視覺、聽覺或動覺的影像。如果你跟對方說的是同一種語言，你們就能夠互相瞭解。

舉個例子：我頭一次做巡迴演出時的經紀人很喜歡用英文。一件事就算明明可以用德文來表達，他還是寧願用英文來說。在我們的節目表上，他不用「入場」來說明觀眾入場的時間，而用 Doors open 來註明。

尷尬的是那些英文說法往往不但多餘，而且也不正確，有時候會造成要命的後果。

我永遠忘不了在巴塞爾的演出。我搭車前往合約上載明的劇場地點，靠近那條街時，卻發現那是巴塞爾的紅燈區，實在很難想像劇場會在那裡。我覺得事情很不對勁，最後我來到一棟屋子前面，那裡顯然是那些女士提供服務的地方。我對自己說：「我不在這裡表演。」接著打電話給經紀人，不高興地問他是怎麼一回事。他完全摸不著頭緒，因為他已經到了正確的場地，正想著一切都已安排妥當。

答案是：在合約上寫的不是「節目會場」，而是「地點」。劇場主人以為「地點」指的是他的辦公室地址，而他的辦公室的確就在那棟樓下開了酒吧的屋子裡。演藝界真是無奇不有。

我不喜歡在別的語言裡夾雜外文，自己說話時也盡量避免。儘管如此，跟我當時的經紀人交談時，我往往會用「他的」英文字眼。我想使用他的語言，也想確定我的訊息能夠傳達給他，這跟在談話時取得控制權也有一點關係。

2. 暗中施加影響

據我所知，這個技巧源自催眠術。你特別強調句子當中的幾個字眼，藉此發出指令，讓對方不自覺地接受。假設你提出一項建議，並且希望這項建議能被接受，你可以說：「看來你還需要一點時間考慮，才會決定接受這個建議。」如果你適當地強調最後幾個字，對方聽到最主要的訊息就是「接受這個建議」。

稍微加重那幾個字的語氣，同時看著對方，你甚至可以輕輕地點頭，做出表示贊同的手勢，把眼睛略微睜大，或是閉上眼睛，來支持你所說的話。本來我不相信這個技巧真能發生作用，直到有一天我做了一次測試。我把一位觀眾的手錶調到一個特定的時間，然後把錶放在他手上，錶面向下。接著請這位觀眾說出一個一到六十之間的數字，而他錶上的分針剛好就走到這個數字上！

至少這個故事是這麼傳開的。事實上，整件事的過程稍有不同。假定我把手錶的分針調到四十二，然後對那位觀眾說：請你現在很快地從二十到四十五，從二十到四十五當中選一個數字。重複之處不是印刷錯誤，而是故意的，並且很重要。說的時候我強調四十五甚過二十，結果許多人會選擇一個接近四十五的數字。有趣的是，事後觀眾會說他們可以隨便挑選一個數字，但我讓他們選擇的範圍並非一到六十，而是只有二十五種選擇的可能。假如對方選擇的數字是四十或四十一，那麼跟分針的位置還是很接近，足以讓大家感到佩服。要是一位觀眾選擇的數字是四十一，那我就乾脆等個一分鐘再把錶翻過來——太棒了！

3. 正確的語調

如果一個人在句尾提高音調，我們就預期後面還有話沒說完。請再回想一下我最喜歡的那兩個字「還是……」。如果有人向你列舉好幾件東西，從他的聲調你就能聽出他什麼時候講到最後一件：他的聲調會在字尾降下來。想像一下，有人對你說了些什麼，而他在句尾把聲調上揚，你自然而然會以為他的話還沒有說完——除非他是向你提出了一個問題，因為問句的句尾聲調本來就會上揚。

具有權威的人不會這樣說話。他們說話平靜、沉穩，在句尾會把聲調下降，讓那句話成為一個聲明。這樣的句子能發揮作用。在談到嚴肅的事情時，父母就會這樣對我們說話。一番話怎麼被說出來有時比話的內容更重要。

以後你不妨仔細去聽電台播報員說話。從正確的聲調上你就能聽出播報員是在唸稿子，還是自然地說話。在唸稿子的時候，大多數人強調的地方跟他們自由說話時強調的地方完全不同。唸稿時，我們往往會在不該停頓的地方停頓，背起來的稿子也一樣。因此，對於大多數人來說，還是不要背稿子比較好，也不要照著稿子唸。最好是做個大綱，然後再自然地表達出來。這樣一來，你的聲調自然而然會正確，對你自己、對觀眾都好。讀大學時我有很多機會練習即席講話，學習口譯的學生每學期都必須做幾場演講，讓其他同學來做同步口譯練習。我們可以選擇自己感興趣的主題，只有一條規定：不准照著稿子唸！

4. 話說得越少越好，只說必要的話

如果你想影響某個人，那就別用滔滔不絕的話語讓對方窒息。想像一下那些具有影響力的人，在關鍵時刻，他們說的話是多還是少？我的意思不是要你惜字如金，但是請只說必要的話！你想說的東西越多，在關鍵時刻說錯話的機會也就越多，而你就可能會失去控制。在關鍵時刻只說必要的話，這會讓你顯得有權威、有魅力，而且信心十足。

戳破假象

在構思我的第一場劇場表演時，我設法在中場休息之後加進一小段讓觀眾可以放鬆的時間，在這段時間裡，節目的節奏稍微放慢，以便之後進入快節奏的高潮。於是我決定替一位女性觀眾看手相，同時描述出她的人格特質，這個橋段大概花了三到五分鐘。在頭幾場表演之後，許多人跟我提起這一小段節目，讓我十分意外。我能夠正確描述一個陌生人的個性，甚至還「知道」他過去人生的細節，這件事讓許多觀眾印象深刻。顯然我大大低估了看手相的效果。

在此我想向各位透露一個秘密：我既沒有更改我所提及的人格特質，也沒有每晚想出觀眾人生中的不同細節。每個晚上我所說的話都一模一樣，一字不差。

這讓我想起福瑞爾教授（Bertram Forer）所做的一個實驗，這項實驗讓他一夕成名。四〇年代末期，福瑞爾花了很多時間研究性格的結構。有一天晚上他在酒館裡碰到一個人，那人收錢替別人分析字跡，從字跡中看出對方的性格。從那以後，福瑞爾就一直想著這件事，想知道為什麼大家對於字跡分析、看手相、星座分析和紙牌算命這麼感興趣。碰到那位分析字跡的專家讓福瑞爾有了靈感，於是他做了下面這個實驗：他請學生填寫一份人格測驗之後繳交給他。一星期後，福瑞爾把測驗的結果發給學生。每個學生都拿到一個信封，裡面有針對該學生性格特質所做的描述，而他所做的描述是如此準確，乃至於大多數的學生簡直不知所措！從我導入這個故事的方式，各位大概已經猜到了這個故事的重點：福瑞爾發給所有學生的描述是一模一樣的內容！內容如下：

福瑞爾所做的性格分析

你希望別人喜歡你、欣賞你，但你也會對自己吹毛求疵。即便你有一些缺點，也已經學會加以彌補。你擁有許多尚未利用的潛力，還沒有完全加以發揮。儘管從外表看起來你總是顯得冷靜而有紀律，但有時候你也會感到擔心不安。有時你會自問是否做對了，是否做了正確的決定。

你喜歡做某種程度的改變，不喜歡受到限制或阻撓。你對自己自由的思考方式很自豪，而且對別人所說的話不會照單全收。不過，你學到了對別人過於坦白不是件聰明的事。在合適的條件下，你很能跟別人相處，如果條件不合適，你就沉默而內向。你有一些心願和渴望相當不切實際。

現在你肯定會想，這篇文字平凡無奇，可是想像一下，假如你事先得填寫一份人格測驗，然後從你的教授那裡拿到了這份結果。回想一下，潘恩和特勒穿上白袍就得以把一個銅環以更高的價格賣出；再回想一下那些聽專家說打掃會燃燒脂肪後，減輕了體重的旅館清潔人員。在這種情況下，單是教授的頭銜往往就足以讓一個暗示發揮效果。

受試者的反應滿足了福瑞爾的好奇心，而他提供了一項重要的認知：性格分析——包括看手相、占星術和星座——並不需要完全跟當事人相符就能說中，只要對方認為與他的情況相符就夠了。只要我們選擇正確的字眼，對方就會相信，接下來我們說不定就真能更進一步看出他的性格。有一種心理技巧就正好能這麼做，這是江湖術士和算命師喜歡使用的技巧。

在此我想再次強調：我表演這些噱頭是為了娛樂大家！當然，我學過很多東西，是從事一般職業的人從沒聽過的，因此不是每個人都能理解我的表演。大多數的人不知道我是怎麼做到的，但這並不表示做出這些事的方式無法被理解。這些事沒什麼不可思議的，之所以令人驚訝只是因為別人不懂得這是怎麼回事。

在〈心裡在想什麼，身體會洩露〉那一章，我曾描述負面的思想如何對我們的身體產生作用，我也不明白道理何在，但並不能因此否定其可能性。再舉一個例子，為了更能記住條列出來的物品，我可以把那些東西跟畫面聯想在一起，因為大腦比較容易記住畫面。用這種方式，我們可以把所有的東西都記在腦子裡，要去買日用品時就無需再寫清單。這個方法有效是不爭的事實，至於為什麼有效，針對大腦所做的研究只能提出部分解釋。也就是說，科學家能夠描述這個現象，並加以證實，但卻無法加以解釋。

再回到我剛才提到的技巧上，這涉及一種利用心理學琢磨出來的高明策略，運用種種不同的說話方式，讓陌生人覺得說話者好像對他很瞭解。這種技巧本身無所謂好壞，全看使用者如何去用，看他要把這種技巧用於有意義的事情上，還是值得非議的用途上。許多從事社會工作或醫療工作者也本能地利用這種技巧來幫助別人。

我在此介紹這些方法是出於兩個理由：一方面，各位可以運用這種技巧來讓別人站在你這邊；另一方面，如果你知道這個技巧如何發揮作用，就比較能防止別人把這一套用在你身上。凡是想深入探討這個主題的人，我建議去讀伊恩・羅藍德（Ian Rowland）的《冷讀術》（The Full Facts of Cold Reading）。書中針對這個主題最基本的一切做了很清楚的描述，作者的貢獻在於說明職業算命師和紙牌占卜師如何利用這種技巧來欺騙客人。我將只介紹那些各位能應用在日常生活中的策略，尤其是在商場上。在這一節裡所介紹的方法全都來自羅藍德，而只要我們懷著良善的心來加以應用，使用這些方法並無不當之處。

首先，你在練習時要始終使用同一套參照系統，至少在剛開始的時候是如此。在我看來，看手相和字跡分析有一個共同點：他們針對人的性格所說的話不是隨口編出來的，而是背後有一套言之成理的參照系統，不管是字跡分析、掌紋分析、星座算命、紙牌占卜、鐘擺占卜、顏色理論等等，都有自己的參照系統。

人類在這方面的想像力無邊無際。舉個例子：我的朋友佛斯特是位心理學教授，他跟我提過有一個肉鋪老闆厭倦了賣肉這門行業，於是開始替人看膝蓋骨算命！有一些極富創意的江湖術士甚至聲稱能從女性胸部的形狀來看出性格特徵！人生還真是美好。

且讓我們拿各位的直覺來做為參照。各位想必都具有健全的理智，有時會憑著直覺做出判斷，有時則是經過深思熟慮。

心讀
習練

直覺測驗

現在請你自己做一個測驗。做這個測驗的時候，只信賴你的直覺！下一頁有一幅素描，上面畫著兩樣東西。先不要翻頁，想像一下你人在家裡，正望出窗外，就在讀這幾行字的時候，請你只在腦海中想像。你眼前浮現了什麼呢？請看著這幅畫面，並且想著兩件你在畫面上所看見的東西。現在請翻到下一頁，看看你的直覺有多準。

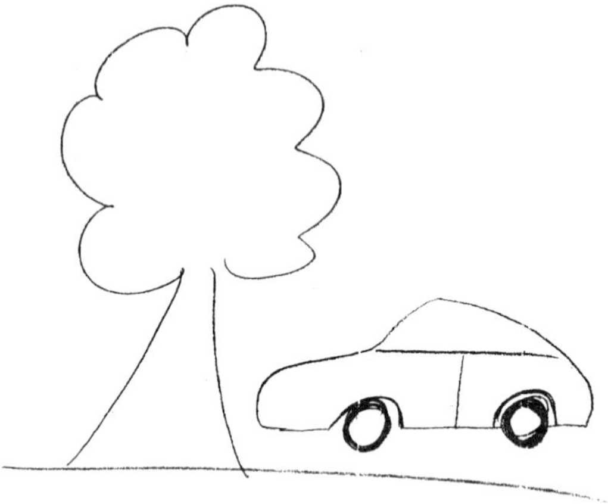

等你選定了一套參照系統，接下來該選擇在談話中要跟對方談到哪些主題。我們全都認為自己是獨立的個體，會做出完全屬於自己的決定，但這只在某種條件下成立。許多事情可適用於大多數人，這件事實我們可以善加利用。

首先，有七件主題是每個人都感興趣的，只要提到這幾個主題，通常都能引起對方的興趣。這七個主題是：

- 愛情、伴侶關係、性
- 金錢
- 職業
- 健康
- 旅行

- 知識以及知識的取得
- 運氣、心願以及對未來的計畫

比起另外三個主題，一般人通常更看重愛情、金錢、職業和健康。如果你想跟別人攀談，總是可以借助其中一個主題。不過要小心，性也許不是最適合展開談話的話題，但在適當的時刻，這個主題還是可以派上用場。另一件事實是每個人都喜歡談論自己的事，這一點你應該自覺地加以利用。如果能讓對方覺得你在上述那些主題中都能針對他個人做出描述，那麼無論如何都將讓對方留下深刻的印象。

美國作家史特勞斯（Neil Strauss）在他的書《把妹達人》中提示了一個跟女性搭訕的最佳方法。他在書中強調，這個由他發揮得淋漓盡致的招數真的非常有效，用這個招數，他有辦法讓每一個女人都把電話號碼給他，而他最後幾乎都能得到想要的女人。他使用了經過琢磨的心理策略，透過語言和肢體語言，再加上言語的控制技巧。各位是否覺得聽起來很耳熟呢？

除了上面提到的那七個主要主題之外，在談話中還應該提及下列這幾點：

● 對方的性格特徵
● 對方的人際關係

等你覺得你已經詳細討論過最重要的主題，就開始描述對方的性格，同時找出關於對方的一些細節。

自相矛盾的話

「你很能敞開胸懷，很懂得親近別人。你喜歡跟人相處，也懂得享受愉快的談話，但是只有在你覺得自在的情況下。如果氣氛不對，你也可能變得沉默寡言，顯得很內向。」

沒有人會駁斥上述這段說明。沒有人會說自己不懂得享受愉快的談話，或是說自己不喜歡其他人。這個技巧實用之處在於你只是給了對方一個適用於所有人的句子，但是聽起來像是經過深思熟慮，對方會不自覺地自行找出哪一部分與他相符。請注意在做這類陳述時，千萬別說得太過具體，不要提到精確的細節，要替自己留下餘地，讓你能做出靈活的回應。事先想好各種相對的性格組合：勤奮——放鬆；專注——喜歡作夢；多疑——開放，至少這幾組一定要有。在真實的談話情境中，你肯定能夠想到最恰當的組合。

恭維對方

重要之處在於你的恭維一定要與對方相符，別讓對方覺得你是在拍馬屁。羅藍德敘述了如何能避免對方覺得你在拍馬屁，只要把你的恭維建立在跟其他人做比較的基礎上即可。不要只說：「**你是個心胸開闊的人。**」而要說得更詳盡一點：**「我覺得比起大多數的人，你擁有更開闊的心胸。想必已經有人利用過你這種正面的態度，儘管如此，你仍然保持這種開放的態度，因為你覺得這樣做是對的，而且你也知道長遠來看，這對你會有好處。這種正面的態度為你帶來的好處勝過壞處。」**不要把任何人拿來跟一個特定人物或是特定的一群人相比較，那樣做很容易會出差錯。

說實話，如果有人用這番話來恭維你，你會反駁他嗎？雖然我們不太願意承認，但我們都喜歡聽到別人的誇讚。

鼓勵對方

這是個十分微妙的技巧！重點在於當對方相信你說的某件事時，給他一點鼓勵。假設你想買一個CD播放器，卻不知道買哪一個最好，售貨員對你說：「**我覺得這一個最適合你。它有許多額外的功能，大部分的人都弄不清楚，通常要跟客人解釋這些功能很難，可是我看得出來你很快就能理解，所以如果你有興趣的話，我可以展示其中幾種功能給你看……**」

你也可以利用這個技巧來讓猶豫不決的人站到你這邊。「看得出來你心裡對我所說的話有一點抗拒，這實在很遺憾。如果你把心裡這分沒有道理的抗拒暫時擱在一邊，就會看出這分抗拒讓你錯過了什麼。只要單純地看看我提出的條件，你就會發現這個條件很好。」

利用對方目前的人生階段

視對方的年紀而定，把人人都必須經歷的人生階段納入談話中。「有時你不也會自問，從前那些遠大的計畫和夢想都到哪兒去了？你不也曾有過完全不同的企圖，認為整個世界屬於你？我看得出來你有時候想要重新開始，而這一次在某些事情上你會有不同的做法。」

或是：「有時你不也會覺得自己的想法和建議沒有得到適當的注意？有時候要讓別人看見我們有多大的潛力很不容易。你很清楚自己還能學習很多新的事情，也花了很多時間來體驗陌生的事物，瞭解最新的情況。只不過，總是有人忽視你的實際貢獻。」

「假如……那麼……」

這個方法跟「利用對方目前的人生階段」技巧相似。在人生中我們不斷做出決定，因此偶爾難免自問：假如我們在某一個特定時刻做了不同的決定會怎麼樣？這是很正常的事。假設對方給你的第一印象是個成功的商業人士，那麼你就可以對他說類似這樣的話：「你看起來是個腳踏實地的人，因此你有很大的成就，達成了許多目標。這當然也有不好的一面，有時你一定會希望能有更多時間留給家人、朋友和嗜好。對你來說這不見得真是個問題，只不過你偶爾會這麼想，對不對？有時候你會自問：『假如我從事業中抽一點精力到個人生活裡的話，現在會是什麼樣的狀況？』」

如果對方是家庭主婦，那麼你可以這樣說：「妳是個很有品味的人，喜歡待在家裡，懂得如何替家人佈置一個美好的家。這是妳的長處，而且和許多人比起來，妳特別懂得關心別人。這當然也有不好的一面，有時妳會希望能擁有更多自己的時間，有更多時間來做自己想做的事。我想這對妳來說並不是什麼真正的問題，不過妳偶爾不免會這麼想，這時候妳會自問，假如妳多把一點精力投注在事業上的話，今天會是什麼情況。」

每個人都愛聽這些話

各位還記得福瑞爾的研究嗎？就是所有參與實驗的學生都拿到同一份性格分析的那個研究。心理學家保羅・米爾（Paul Meehl）覺得這個研究非常有趣，於是改寫了福瑞爾的那篇文字，列出了幾項陳述，將之稱為「巴納姆陳述」。巴納姆是美國一個馬戲團的團長，他用動人的讚美讓很多人到他的馬戲團來。「巴納姆陳述」也就是能讓大多數人立刻覺得自己被說中的句子，包括：

- 「有時候你覺得自己身上還有許多尚未發揮的潛能。」
- 「有時候你覺得受到不公平的對待，因為你的同事、朋友或伴侶低估了你，沒有給予你應得的評價。」
- 「你有一些期望顯得不切實際，雖然這些期望完全合理。」

這些句子很適合讓你迅速跟對方建立起關係。不過，對方也可能很快就會看出這些話很空泛，因此請小心使用。對方也可能會斷然否認這段敘述，所以你要有心理準備。羅藍德提出了一個就我所知最好的技巧來應付這種狀況，也就是所謂的「分叉敘述」。

陳述：「**你對自己很嚴苛。**」假設對方似乎同意這句話，那麼你就可以進入第二階段，把這句話再加重一點：「**有時你對自己太過嚴苛，為了別人根本不會在意的小錯誤而生氣。就這一點而言，偶爾你會妨礙了自己。**」

如果對方明顯拒絕這番陳述，那你就往另一個方向繼續往下說：「不過，你已經學會了克服對自己太過嚴苛這一點。你對自己很瞭解，能夠正確評估自己的長處和短處。」

注意對方的反應，然後決定你要再講幾句話來把剛才所說的性格特徵強化或削弱，並且使用另外一些有趣的「巴納姆陳述」：

- 「你的左膝蓋上有一個疤。」
- 「最近你曾經夢見一個很久沒見到的人。」
- 「你的門牌號碼包含2這個數字。」
- 「你的汽車是藍色的。」

●「你戴的手錶是一件禮物。」

雖然聽起來很不可思議，但是對大多數的人來說，這些句子都說中了！

讀出別人想法的關鍵資訊

各位還記得我在第一章裡舉過一個例子，說我猜中了一位女士拉小提琴嗎？我從對她的觀察中發現了一個特徵，慢慢摸索出她是拉小提琴的。其實我也可能猜錯，但是我的猜測往往得到了對方的證實，讓我能夠很有把握。

藉此，我要談到取得資訊最重要的手段：問問題。若非有系統地一步一步進行，我絕對無法得到這麼深入的瞭解。要得知有關對方的事，一個有意義的問題是最好的辦法，也是最有效的辦法。事情的確就是這麼簡單。羅藍德說得很好，像這樣的問題可以一再加以修正，加以補充，讓我們得知更多關於對方的事，同時還讓對方覺得我們彷彿根本沒提過什麼問題。

想像一下，你夜裡睡不著，為了轉移注意力，你打開電視，在不同的頻道間轉來轉去。等你看夠了成人節目裡的脫衣女郎，而畫家鮑伯・魯斯又神奇地在螢幕上畫出了一幅風景畫，你決定轉到兒童頻道，但你嚇了一跳，這個頻道到了夜間竟然是紙牌占卜師或是能跟天使說話的人在表演！你只要打電話過去（打這通電話要付很多錢），就有一位無所不知的女士能替你解答人生問題，也可能是個自稱為算命師的人，坐在改裝成電視攝影棚的客廳裡。有一次我聽見這樣一位算命師對一個煩惱體重的女士說她的飲食方式不正確，說她必須改變自己的飲食習慣。這麼有獨創性的見解，除了這個算命師還有誰想得出來？這種節目的低級趣味我只看了一下就覺得作嘔。那些可憐而絕望的人不僅被騙了錢，而且那些建議有一部分根本就不負責任。

說不定那位女士才剛從專家那兒拿到一份新的飲食計畫，而且這個計畫肯定正符合她的需要，現在卻要她放棄這份計畫，只因為電視裡有個人自以為他更懂？最近我曾經上過兒童頻道的節目，針對這些算命節目跟一位編導談了很久。她同意我的看法，但表示他們無法阻止有人在夜間這樣使用他們的播放頻道。每次當我對這些人的可信度表示懷疑，立刻就有人向我說起算命的人揭示了多麼不可思議的秘密，或是他們從紙牌占卜師那兒得到的開示多麼靈驗。我也並不是要一竿子打翻一船人，懷疑所有紙牌占卜師的可信度！有許多人認真研究手相和塔羅牌，替自己和他人找出解決問題的建議，這並無可議之處，如果這些方法對你有幫助，你就去使用。令我生氣的是江湖術士就是利用了這些人。

再回到問問題的技巧上。好的算命師不會笨拙地發問，而是很有技巧。他們往往會運用羅藍德稱之為「附帶問題」的發問形式，這是聽起來十分隨意的問題，但立刻抓住重點。他們不會問：「誰跟你比較親近？」而會把這個問題放在一個框架裡：「我看見一個曾經給你很多幫助的人，是你可以信賴的人，這個人會是誰呢？」或是問：「我看出你曾經有過健康上的問題，是什麼樣的問題呢？」這樣要比單純地詢問：「你曾經生過重病嗎？」更有說服力。多虧了「分叉敘述」的技巧，對方怎麼回答其實都無所謂。問問題的人主要是想引起對方注意，他所說的一切都是為了顯示他握有知識，這時候也可以再用上「還是……」那個神奇的字眼。

假設你想知道對方開什麼樣的車，從現在起別再劈頭就問：「你開什麼車？」而是先仔細打量對方，考慮一下哪種車會適合他。直覺會告訴你正確的答案，然後你說：「你開的不會是保時捷吧？還是？」這個句子的聲調必須像一句陳述，「還是」那兩個字在句尾不要上揚，而是維持跟句子其他部分同樣的語速和聲調。現在有兩種可能，也許對方果真是開一輛保時捷，那麼他多半會非常驚訝。如果他開的並非保時捷，只有在極少數的情況下，對方會只回答「不是」，通常他都會想再加以解釋：「嗯，我絕對不會花這麼多錢去買一部車。」或是：「我一直想開一部跑車，但是到目前為止我還買不起。」或是：「我以前有過一輛保時捷，但現在我比較喜歡輕鬆地開車。」諸如此類。透過有技巧地發問，你得知了關於這位駕駛人的許多事！這樣發問得到的效果十分驚人。你應該專心注意對方的陳述，唯有如此，你才能準確地再往下說。

假設你在一場派對上認識了某個人，你們輕鬆地展開對話，而你得知對方在一家健身俱樂部健身。這就是個十分明確的陳述。根據你的經驗，可以推測出這個人很可能具有下列特質：他有自信，喜歡欣賞美的事物，注重健康，有紀律，不太喝酒。由於他喜歡運動，他很可能也喜歡跟人相處，不太看電視。這些猜測不見得都準確，但是藉由正確的發問技巧——現在你已經懂得這些技巧了——你很快就能得知哪些猜測是對的。

不要低估這個方法的效果。在我的表演和演講中，藉由這個技巧，我得到十分熱烈的反應。如果一切順利，幾乎只有你說中的部分會留在觀眾的記憶裡，有個原因在於我們聽別人說話時都是有選擇性的，那些對我們而言重要的，我們就會注意聽，其餘的部分我們就聽而不聞。那些江湖術士的秘密就在於找出該說的話，談到那些此刻對當事人來說意義重大的主題，像是愛情、金錢或旅行。此外，他們非常善於聆聽，這是他們的資產。許多從事醫療工作或心理輔導的人也具有這種能力，能夠憑藉直覺針對適當的主題說出恰當的話。單單是這樣，病人就覺得好多了，覺得自己得到了關注。請注意在你的陳述中要依照對方看待自己的方式來描述他，而不是按照你看待他的方式。由於你認為世界是什麼樣子，它就是什麼樣子，你就能明白對方目前的處境。信賴你的直覺，觀察對方表情的改變，你很快就能看出什麼時候你說中了，可以進一步去談哪些主題。

不同於福瑞爾所做的性格分析（第一八一頁），此處所談的乃是使用不同的技巧做自由發揮。要這樣做需要直覺和經驗，就跟演奏音樂一樣。我們也能從一個人的外表推測出許多事情，這一點在第一章已經提過。不過請小心別落入陷阱，江湖術士有時候也會說中。刻板印象向來是個危險地帶。我再提供各位兩個練習時的訣竅，在一開始時，這兩個訣竅給了我很多幫助：

- 想一想對方是否讓你想起某個你認識的人。如果是，請描述一下那個人。
- 想像一個跟對方完全相反的人。然後說在對方的生活裡有一個人跟他完全處不來，同時描述那個跟對方相反的人。

這一章的內容肯定會讓有些人不以為然。有些懂得這些技巧的人認為應該要繼續保守秘密，但我的看法不同。讓我用塞吉．金恩博士說的話來結束這一章：

「……不要把能夠幫助別人、治療別人的知識當成秘密。困難之處不在於把知識當成秘密來守住，而在於促使大家理解這份知識，並加以利用。濫用在無知中滋長。每個人知道得越多，濫用這份知識的誘惑和機會就越少。比起被保守住、未加以利用的秘密，傳播開來的知識具有更大的力量。被當成秘密保守的知識就跟吝嗇鬼藏在床墊下的錢一樣毫無用處，知識的神聖不在於把這份知識保留給少數人，而在於讓大眾取得。」

為了你自己好，也為了其他人好，請別濫用你的知識，否則你就無法令別人信賴。信賴是設身處地去理解別人的基礎，讀出別人心中所想，看出別人的動機。如果從現在開始你能夠更迅速地跟別人攀談，並且讓對方留下深刻的印象，那麼就表示你能夠善用此一方法。

第4章

心靈訓練沒有界限

如果你讀到了這裡，那麼也許你已經牢牢記住思想能直接對我們的身體產生作用。而且反之亦然。畢竟這是貫穿本書最基本的認知。因此，合乎邏輯的推論是：在心靈和身體之間沒有界限。

幾年前，我在《明鏡週刊》上讀到一項研究。研究人員請斷了手臂的人在腦子裡用那條動作受到限制的手臂做肌肉訓練，等到石膏被拆掉，成果顯而易見，那條受傷的手臂幾乎毫無肌肉萎縮的情況。相反地，在沒有做這種訓練的病人身上，肌肉就嚴重萎縮。

對於身體和大腦之間的交互作用，這是個非常鮮明的例子。這種作用沒有止境，自然法則不適用於我們的大腦。我們以前在學校鄉村活動會館很喜歡做的一個實驗「抬起瑪蓮娜」也證明了這一點。

「抬起瑪蓮娜」的實驗

做這個實驗共需要五個人，大家的身材必須相近。一個人在椅子上坐下，假設她叫瑪蓮娜。接著那四個站著的人要把雙手交叉，再把伸直的食指放在瑪蓮娜的腋下和膝蓋下，試著將她抬起來——他們不會成功。接下來那四個站著的人要聚在一起，把右手放在瑪蓮娜的頭上，四隻手像疊羅漢一樣疊起來，再把左手也依照同樣的方式疊起來。這樣做了之後，你就說：「我數到三，隨著我數的每一個數字，你們會覺得自己越來越有力氣，瑪蓮娜會覺得自己越來越輕。等我數到三，你們就把瑪蓮娜抬起來。你們辦得到的！絕對沒問題。一、二、三——抬起來！」

那四個人將能把瑪蓮娜抬起來！我並不清楚為什麼這樣做會成功，可是這是個老實驗了。當我跟同學一起嘗試的時候，這實驗已經流傳了很久。我不知道這個實驗的起源，只知道如果四個人當中有一個人不相信自己能辦到，那麼實驗就不會成功。是精神的力量在此發生了作用，在大腦中克服了我們的限制。

每當直覺告訴我們某件事，而我們聽從這個直覺，所發生的也正是同樣的事。聽從直覺往往是對的，而幾年前還被斥為無稽之談的事如今已能在科學上被證明，特別是大腦研究在過去這幾年有了極大的進展。如果有誰對「直覺」這個主題特別感興趣，我想推薦葛拉威爾所寫的《決斷兩秒間》。他證明了直覺確實勝過理智。

在這件事情上，最棒的故事來自我的好友兼同行貝爾蒂希。身為讀心者，他在表演節目中用下面這個故事來開場。這是個真實故事：「在美國的一個小城市，一位巡警在晚上將近七點時下班，到當地的購物商場去，想買點吃的當晚餐。他把車子停在公共停車場，下了車，走進商場裡。途中他看到一輛車，說不上來哪裡讓他覺得有點怪。那個警察不知道那輛車有哪裡不對勁，可是直覺告訴他這輛車有點可疑。他打電話給警局的同事，請同事查一下。幾分鐘之後，同事回電，證明了這名警察的預感沒有錯，那個車牌號碼不屬於這種車輛，而且在當天下午被登記為失竊。由於這通電話，幾名警察立刻前來，在那輛車的駕駛人準備上車時將他逮捕。那人在接受偵訊時承認偷了車牌和那輛車，打算在次日進行一樁搶案，車上也有工具顯示出這個意圖。」

為什麼那名警察會有這個預感呢？經過用心思索和仔細觀察，他得到了解答：他只從後面看到那輛車，在看到車牌的同時，也看到了車牌鐵皮上的死蟲子。在夏天，車牌上有死蟲子其實稀鬆平常，可是這樣的死蟲子向來只會出現在前面的車牌上！沒有人會以很快的速度倒著開車並且開上很久，讓這麼多蟲子聚集在後面的車牌上。假如那個偷車賊注意到這個細節，把蟲子清除，那麼他就不會被警察逮到。儘管我們對於自己的直覺有這麼多經驗，直覺仍舊是個秘密。沒有人知道直覺究竟如何起作用，引人入勝之處就在這裡。儘管如此，我們還是可以信賴這種能力。

在第九十二頁的「照鏡子」練習裡，我建議各位擺出跟對方同樣的姿勢，藉以得知對方此刻的感受。因為如果你跟對方做出同樣的動作，在某種程度上成為對方，你就能憑藉直覺進入他的思想世界，也就會知道他有什麼感覺。這件事發生在超越理智的層面。舉例來說：在我的表演節目中，如果我能成功找出藏在觀眾席裡的一樣東西，完全是因為我沒有刻意去思索它可能被藏在哪裡。我就只是聽從自己的直覺。一旦我動用理智來進行，就會失敗。這需要天分，但這種天分是可以訓練的。反過來說，我們往往就是知道有件事不太對勁，儘管我們並不明白自己怎麼會知道，就跟上述故事中那位警察一樣。

在思緒中你可以飛翔，可以具有超人的力量，可以是任何人，跟任何你想遇見的人碰面。你可以演奏任何一種樂器，攀上任何一座山頭，這一切都是可能的，只要你在大腦裡別再自我限制。這也就是為什麼我在一九八六年開始研究魔術，我想要超越這些限制。在魔術的世界裡沒有限制，魔術給了我一個逃離的可能，在一段對我來說十分難熬的時期。我可以讓自己進入另一個世界，在那裡，不管在任何時候，我都可以掌控一切。

假設你也能做到，想像一下，那將開啟多少可能！在思緒中，你可以事先把每個你期望發生的情境演練一遍，直到那個情境按照你所希望的方式進行。這就是藝術家和運動員不停在做的事，他們成功的秘密就在於他們腦中正確的畫面。小提琴名家慕特（Anne-Sophie Mutter）在《慕尼黑水星報》的一次訪問中說了下面這段話，證明了這一點：「**我從來不是個練得很勤的人，意思是不會每天練習無數個小時。我學習時一向很專注，但我更喜歡從一段距離以外來解決音樂或技巧上的問題，意思是透過分析來解決，而不是透過不斷重複一個動作，幾乎到了麻木的地步。這個動作如果在短時間之內練不好，那麼反正也就不會成功。這**

就表示其中有一個思考上的問題，而這個問題只有當樂器不在的時候才能夠解決。」

如果一位世界頂尖的音樂家這樣工作——先分析，再思考，在腦中演練——那麼這個方法肯定值得推薦。要是她不懂得成功的秘密，還有誰懂？

拿破崙・希爾（Napoleon Hill）的《思考致富》肯定是勵志書中的經典。希爾在書中敘述了十三條法則，告訴我們如何透過內心的態度和正確的思考來達成目標。早在一九六六年，希爾就看出思想不必有界限，而即使在當時，這種「一切都始於一個念頭，身為自身念頭的創造者，我們掌控著一個沒有界限的世界」的想法也不算新鮮！早在古希臘羅馬時期，「偉大的赫爾莫斯」就把他對此的認知寫了下來，這個名字很可能是個假名，背後可能藏著許多學者，他們把自己的學說用「偉大的赫爾莫斯」這個名字集結起來。這些文獻對於文藝復興時期的哲學家起了重大的影響，共濟會的秘密同盟也對之十分尊崇。朗達・拜恩的暢銷書《秘密》其實就是「偉大的赫爾莫斯」著作（所謂的「凱巴萊恩」）的翻版，以卓越的手法加以行銷。如果想知道更多，可以從艾伯靈（Florian Ebeling）所寫的《偉大的赫爾莫斯之秘密歷史》中得知。其重點可以簡單地歸結為：透過目標明確的心念，我們幾乎可以達成所有的夢想和目標。

讓我們暫時別去想這句話多麼難以置信，只在這幾頁，讓我們假設事情的確是如此；只在這幾頁，讓我們好好想一想；只在這幾頁，如果這句話是真的，那會如何！

若是這樣，就只有你必須為自己的人生負責，因為你能夠自由地創造你的思想世界。你有力量來決定，事情只在於你怎麼想，因為你認為世界是什麼樣子，它就是什麼樣子。用你的心念永遠可以創造出對你來說正好有利的框架，你能夠接受任何挑戰。心理學家柯爾森就是個榜樣，就算在夜裡碰上車子拋錨，他也想著：「**謝謝教練給我考驗，我還以為你不再相信我有解決問題的能力了。捲起袖子，開始做運動訓練吧！**」重點就在這裡。其他的選擇是什麼呢？出言咒罵嗎？尖叫嗎？如果這對你有所幫助，那你就去叫罵吧！等冷靜下來，就去做你的運動訓練。你已經無法改變車子拋錨的事實，但你永遠可以決定自己要怎麼想這件事！做一個有建設性的人。可是，要怎麼做呢？

集中力量

首要之務是目標。專注於你的目標，設法藉由建立一套固定儀式來讓自己專注。把壓力從生活中驅逐，否則你永遠無法看穿別人的心思，因為壓力越多，你就越容易對周圍所有的干擾能量起反應，會更容易分心，無法堅持不懈地專注於一件事。因此，有意識地放鬆是第一步。我在此所描述的一切都只有在放鬆而專注的狀態下才能生效，這就跟催眠一樣，只有當催眠對象處於放鬆而專注的意識狀態，催眠師的暗示才能起作用。如果你已懂得有效的放鬆方法，那就繼續使用。要達到目標一向有許多途徑，不管你是用太極、瑜伽還是自體放鬆訓練來放鬆自己，其實都無所謂。儘管如此，你還是想知道我最喜歡的放鬆技巧？這個技巧是我在瑞士心靈訓練師阿克曼主持的研討會上學到的，源自身為精神科醫師、心理治療師，並被視為自律訓練法創始人的舒茲教授。一九三〇年，他寫了第一篇關於這種訓練的文章。我之所以欣賞這個技巧是因為它產生效果的速度快得驚人。

讀心練習

自律訓練法

舒服地坐下，儘可能放鬆你的肌肉，但是仍然要能夠穩穩地坐在椅子上。你感覺到自己的重量在椅子上，也感覺到腳底下的地面。你的下頷和肌肉放鬆下來，你覺得很舒服。

現在閉上眼睛，深呼吸三次，把氣吸進腹部之後再吐出來。第一次吐氣時靜靜數三——三——三。

第二次吐氣時數二——二——二。第三次吐氣時數一——一——一。在第三次吐氣之後，在心裡告訴自己你完全平靜而且徹底放鬆，任何事物都不會讓你脫離這種愉快的平靜狀態。

現在你的頸部先開始繼續放鬆，然後鬆弛感沿著肩膀往下到雙臂，再到指尖。你的胸腔放鬆下來，而放鬆感順著腹部、腰部到腿部。雙腿放鬆下來，首先是大腿，接著是小腿，最後是雙腳，直到趾尖。

現在腦波以最佳的頻率振動。腦波的振動節奏是可以測量的，最佳的頻率因人而稍有差異。基本上，腦波頻率大約在零到三十五赫茲之間，標準如下：

- 零到四赫茲：無意識狀態（δ狀態，德爾塔狀態）
- 四到七赫茲：熟睡狀態（θ狀態，西塔狀態）
- 七到十四赫茲：你神智清醒，但是放鬆，處在一種平靜和諧的舒適狀態。在這種狀態下，你最能夠進入自己的潛意識（α狀態，阿爾發狀態）
- 十四赫茲以上：你非常清醒（β狀態，貝塔狀態）

藉由上述的放鬆技巧，你能夠進入阿爾發狀態，因此，這種心靈訓練也常被稱為阿爾發訓練。

許多人認為自己無法達到這種狀態，但事實上，我們每天都會達到。每次我們望出窗外，專心想著某件事物，就處於這種狀態；一旦長時間從事單調的活動，我們的思緒就會飄開，這時就進入了阿爾發狀態；當長時間在高速公路上開車，也會感覺到阿爾發狀態；聽古典音樂，同樣能讓我們迅速進入阿爾發狀態。

想必你也經常有這樣的經驗。

這也就是為什麼我們經常在這樣的時刻想出了某個問題的解決辦法。我們的思緒自由遊走，也許我們正在做完全不同的事情，就在這一瞬間，潛意識向我們指出了接下來的路該怎麼走。

在阿爾發狀態中，做視覺想像

我最喜歡在一座希臘小島的沙灘上度過阿爾發狀態。我在思緒中聽見輕柔、舒緩的海浪聲，聞到海水鹹鹹的氣味，感覺到腳下溫暖的沙子。一切都很平靜，這個地方只為了我而存在！等你進入了阿爾發狀態，就可以開始描繪出你的目標。在阿爾發狀態中我從不會產生任何懷疑。在這樣放鬆而又充滿動力的狀態下，我展開當天的工作。

做心靈訓練時，連一秒鐘都不要去思索如何才能達成目標。「懷疑」在這個階段是種毒藥。你只要享受此刻置身其中的這種舒適狀態和氣氛，讓自己沉浸在那些簡單明瞭的畫面中，接著在思緒中放開你的目標，再度放鬆下來。也許在你最意想不到的時候，會想出解決之道。

在達成目標這件事上，你的行為當然要符合倫理道德，不能為達目的而不擇手段，因此，在描繪出目標達成的畫面之後，你可以對自己說：「我將達成這個目標，為了我自己，也為了其他人的福祉。」這句話來自阿克曼，而我認為這是要結束每次的視覺想像時很好的收尾。

在視覺想像階段結束之後，請再回到你夢想自己所在之地，在心裡慢慢從一數到五，你睜開眼睛，等待自己再度完全回到此時此地，之後就不再主動去想你的目標。

順帶一提，心靈訓練無法取代行動。事情正好相反，如果你真心想達成什麼，那你也必須要有所行動。或者用古希臘作家索福克里斯的話來說：「上天永遠不會幫助那些不願意行動的人。」就算做了心靈訓練，也不可能達成所有目標，不是每個人都能在任何事情上成功。舉例來說，我永遠不可能成為重量級拳王，就算我在身體和精神上再怎麼努力，也永遠辦不到，因為我沒有那種體格。要檢驗你的目標是否合理，應該問自己下列這幾個問題：

- 達成這些目標確實是我最想做的事嗎？
- 我的目標彼此之間是否互相矛盾？
- 我的目標切合實際嗎？

- 我的目標訂得夠高嗎？
- 有哪一個目標完全沒有顧慮到他人嗎？

將答案寫下來，把事情釐清。如果你把一切都弄清楚了，就讓你的潛意識替你工作，日日夜夜，就連睡覺時也一樣。我的朋友兼同行許匹茲巴德博士稱之為「有動力方向盤的生活」，事情正是如此。請試試看，所產生的力量會令你驚訝。

讀心練習

減少恐懼

好的念頭可以是達成目標之鑰，錯誤的念頭則會阻礙你達成目標。對生命的恐懼、對失敗的恐懼、對失去的恐懼——這些恐懼會大到令人麻痺，讓我們根本無法做出決定。為了控制你的恐懼，讓自己進入阿爾發狀態，一旦在思緒中抵達了你夢想的地方，你就開始想像一面大鏡子，這面鏡子有一道寬寬的黑框。現在把你的恐懼投射進去。假設你是為了考試而恐懼，把所有令你擔憂的事情都投進去，直到鏡子被裝滿。然後你想像用一個錘子把那令你恐懼的場景擊碎，鏡面玻璃碎成千百片。你繼續想像這些碎片消失，那個黑框也隨之消散。從現在開始你再也不要想起這個畫面！接著請想像在之前那個黑框鏡子的旁邊，有一面白框的鏡子，你在這面鏡子中認出相同的情境，但是一切都按照你的希望進行。儘可能把每一個細節都具體加以想像，等到你完全滿意之後，再慢慢從一數到五，回到此時此刻。

我自己用一套儀式來減少登台前的恐懼，並且讓自己集中精神：在我站上舞台之前，觀眾席上總是播放著同一首歌——Yes樂團的〈改變〉（Changes）。這時候我站在後台，一起聆聽這首歌。這首歌給了我所需要的能量，我只需要專心去聽，接著我感覺到即將發生的事越來越靠近，我完全專注於那一刻，並且期待能夠立刻站上舞台。等那首歌播完了，聚光燈亮起，而我就可以開始表演。藉由這套儀式，我就能把登台的恐懼轉化成正面的能量。

改變過去

從七〇年代中期以來，科學家為了研究我們的記憶如何在事後被改變，做了許多實驗。例如，心理學家羅芙特斯拿一場車禍的照片給受試者看，從照片上可見一輛紅色汽車沿著一條街道行駛，在十字路口轉彎，接著撞到一個行人，在遠處可以看見一個「停車」的標誌。隨後實驗主持人刻意問起那部無視「讓路」標誌而行駛的汽車，之後再拿兩張照片給受試者看，兩張照片都顯示出車禍現場，一張上面可以看見一個「停車」標誌，另一張上面則有一個「讓路」標誌。大多數的受試者都確信自己在第一次看這些照片時就已經看見了那個「讓路」標誌。這項研究的結果促使科學家又做了許多其他的實驗，全都證明了要準確地回憶起細節有多麼困難。基於這個原因，證人的證詞往往會有錯誤。

對我來說，威靈頓大學針對這個主題所做的實驗結果最令人驚訝。有二十個人參加了這項實驗，研究重點是童年的經驗。實驗主持人韋德（Kimberly

Wade）暗中取得受試者兒時的相片，用來合成另一張照片。照片中的他們在搭乘熱氣球，是這些人實際上從不曾做過的事。除了這張合成照片之外，韋德還取得另外三張相片，相片中呈現受試者小時候確實有過的經歷。

主持人先不加評論地把這些相片拿給受試者看，請他們敘述照片上的經歷。二十位受試者當中就有七位沒有察覺自己從不曾搭乘過熱氣球，甚至把那次經歷描述得十分詳盡！之後主持人請受試者回家以後再回想一下這些照片所勾起的回憶。等到主持人最後一次跟受試者談話時，居然有十位詳細描述了他們從不曾做過的熱氣球之旅。在類似的研究中，受試者也同樣編出了故事，例如，他們會敘述：

- 自己小時候曾經在一個購物商場走失。
- 小時候由於中耳炎而在夜裡被送進醫院。
- 在一場婚禮上把雞尾酒潑在新娘的爸媽身上。
- 由於火警而從一家超市疏散。
- 鬆開了汽車的煞車，結果車子沿著山坡往下滑。

還有更多的故事，這些事全都不曾發生過！

在〈心裡在想什麼，身體會洩露〉那一章，我提到回想起正面或負面的記憶會對我們的情緒產生什麼樣的影響，或許這就是那些受試者想達到的目的。此外，我們只能在當下思考。我們的思緒不會區分過去和未來。回想過去的一件正面經驗，就能引起身體的反應，隨著回憶的專注程度，這些反應可以跟你實際經驗該情境時一樣強烈。直到今天，當我凝神回想兩個孩子的誕生，仍然會熱淚盈眶。讓我們再向前走一步。

心讀
習練

回憶體驗

請花大約三十秒的時間專心回想你最喜歡的一幕電影場景。接著請把心思轉移到你曾經參加過的一場派對上，也花三十秒的時間去回想。你會發現對這兩件回憶的體驗同樣強烈。你能夠同樣迅速地把這兩個場景喚回記憶，說不定那個虛構的事件（在這個例子裡是電影中的一幕）在此刻對你產生的作用，要比你第一次體驗到時更為強烈。

我們的思緒不會區分現實（不管現實究竟是什麼）和夢境，具體的經歷和純粹虛構的經歷，在我們的思緒中沒有差別。那個用熱氣球合成照片進行的實驗就證明了這個假說：我們的思緒只在乎回憶的強度。意思是說，每一個記憶——不管是真的還是編出來的——都具有同樣的效果！對於思緒而言，一個強烈的虛構經驗就跟真實經驗一樣有效。對某些人來說這個認知很有價值。

曉得這一點之後，就可能改變自己的過去。假設你曾經碰過一個至今仍然令你生氣的情況，這樣的事我們全都遇過。假定有人用言語攻擊你，你大受侮辱，卻想不出合適的回答；事情幾乎總是這樣，我們在五分鐘後湊巧想到了合適的回答，可惜為時已晚，你已經錯失了回敬對方的機會。不過，與其每次都為了錯過的機會而生氣，你不妨試試看這樣做：讓自己進入阿爾發狀態，再一次重新經歷那件事——可是這一次，你想像自己用機智的言語回敬了對方！你立刻就會覺得好過多了。此外，那個合適的回答從此將深深埋在你的潛意識中，如果再遇到類似的情況，你就可以用上。

這是個簡單的例子。當然也有比較複雜的事件，在這些情況下，也有補救的辦法：

- 用黑白畫面來想像那些回憶，或是改變其色彩。
- 把回憶的畫面從自己身邊推開。
- 利用之前提過的黑框鏡子，把那一幕情景擊碎。
- 把回憶的畫面顛倒過來。
- 從俯瞰的角度來看那幕情景。
- 改變那一幕裡的服裝、言語以及所有令你反感的東西。

從今以後，過去不會再令你軟弱，反而會讓你變得更堅強。你獲得了新的生命力量。

第5章

把握當下的力量

「**現在就是十年後我們會想重溫的舊日好時光。**」英國名演員、作家與導演尤斯汀諾夫爵士曾睿智地這麼說，可惜他已去世了。我很同意他的話。各位學習了讀出別人心思以及暗示的藝術，現在只需要在日常生活中加以練習，而且是立刻開始，因為拖延會讓你距離目標越來越遠。請各位試試看。對於「把握現在」，我有深刻的體認。小時候，我有一個很要好的朋友，我們從小學開始就坐在一起，後來也一直都很親近。我和他一起經歷過對我意義重大的事件，如果不是因為他，我對音樂、語言和大自然的愛好也不會像現在這麼深刻。有一天他生病了，在他的髖部被診斷出腫瘤。經過漫長的化療和一次困難的手術，他總算又恢復了健康。我們一起度過這段艱難的時期，這使我們更加親密，變得幾乎形影不離。

在一個夏夜，我跟他和另外幾個朋友約好了一起看電視，他一進門，我就立刻察覺有什麼事情不太對勁。他要我到外面去一下，告訴我醫生在當天的追蹤檢查中發現腫瘤移轉到了肺部。那是個青天霹靂，對他來說意味著再度接受化療，至少得再動一次大手術，再度擔心害怕。

那年夏天，我在逛街時發現一件我知道會讓他非常開心的東西，便買了下來，打算在他下次過生日時送給他。雖然他的生日要等到隔年的三月二日，我也不在乎，不想白白放過那個機會，還是把禮物買了下來。回到家，我把那樣東西放在抽屜裡。他在八月十二日去世，距離他的十八歲生日不到七個月。那件禮物直到如今我都還留著。

最令人難過的經歷莫過於失去一個親近的人，由於好友之死，我當年的生活改變了很多，其中一些改變直到今天都還影響著我。我從這個經驗中學到了一個重要的教訓，就是：有些機會只有一次。這個認知徹底改變了我的態度。如今當我看見一件東西，而我知道這樣東西能讓一個我愛的人開心，我就會馬上送給他。就跟所有其他的事情一樣，我不想再拖到以後，而只想活在當下。

大多數的人做不到這一點。他們把絕大部分的精力用來回憶過去，或是計畫未來。「啊，當年的時光真美好」或是「等我達成了這個目標，我就會快樂」。這些想法讓你無法察覺到當下，奪走了當下的力量。但若要讀出別人的心思，要做出暗示，你所需要的正是察覺到當下。

當然，我們是需要計畫未來，而回顧過去也可能有其意義，但我們只在當下具有真正的力量，不是在昨天，也不是在明天。瞭解這一點最能讓你集中思緒，設想自己置身於別人的處境，憑藉直覺來感覺出他們的念頭。

讀心練習

成功的七十二小時法則

我不記得第一次聽見這個法則是在什麼時候，但是從那之後，我就經常應用這項原則，而事實也證明了它十分有效。

這個法則告訴我們：凡是我們打算要做的事，都必須在七十二小時之內著手，否則我們就會一直拖下去，直到完全擱置。

假設你一直想再跟一位好友聯絡，寫封電子郵件給他，若你沒有在七十二小時之內動手寫這封郵件，那麼你很可能就根本不會寫了，結果就變成那句老話：「其實我應該要寫的。」

如果你沒有趕緊去買一場表演的票，那麼你就根本不會去買了，而那句老話很快就變成了：「我本來想……」

我們往往任由自己或別人來阻止我們向前，因為我們認為某個計畫反正不會成功，寧願跟這個計畫保持距離。心靈技巧的運用是可以學習的，就跟演奏一件樂器一樣。很多朋友也許會對你說：「現在學已經太慢了，要精通一件樂器必須從小學習。」就像那句俗話說的：「小漢斯沒去學的事，大漢斯就永遠不會學。」可是事情果真是這樣嗎？請你把所有的限制擺在一邊，問問自己：我為什麼要去學呢？肯定是因為那會給你帶來很多樂趣。若是如此，那就去做吧！想來你並不打算成為加拿大「鋼琴怪傑」顧爾德第二，只想享受嘗試新事物的樂趣。要這樣做永遠不嫌遲，那句俗話並不正確。許多人很晚才開始從事一項嗜好，但是全心投入，獲得了極高的成就，這樣的例子不勝枚舉。

例如吉伯特．卡普蘭（Gilbert Kaplan），他在二十五歲時創辦了一份雜誌，四十歲時以高價把雜誌出售，因為當時他有了一個心願，想指揮馬勒的C小調第二號交響曲，而且想跟一個知名的樂團合作。他認為到目前為止所有的詮釋版本都有所不足，他之所以賣掉自己的公司就是因為他想指揮出一個更好的版本！每個人都認為他瘋了，所有的專家都認為他不可能做到。雖然卡普蘭小時候學過鋼琴，但是四十歲的他既無法好好彈奏鋼琴，也無法演奏任何一種其他的樂器。他不理會別人說的話，只專注於他的目標，向最優秀的指揮家學習，勤奮不懈地學了整整兩年。結果是：一九九六年，卡普蘭灌錄了當年最暢銷的古典音樂專輯！

永遠不要氣餒，不要讓任何人洩你的氣。你要為自己思緒的內容負責，也要替自己意志的方向負責。只要明白你永遠都能改變目前的處境，那麼你自然不會停滯不前。你想要向前進，在人生中達成更多，而這或許也包括讀出別人的心思，能夠瞭解別人。你一定能夠成功，而且你有七十二小時的時間來著手。

第6章

事情的可能性遠超過你的想像

三年前，我從好友兼同行貝爾蒂希那兒收到一封電子郵件，他在信裡敘述了一個故事。

哥本哈根大學的物理系出了下面這個考試題目：

「請說明如何藉由一個氣壓計來算出一座摩天大樓的高度。」

一個學生如此作答：

「我把氣壓計綁在一條長繩上，然後將氣壓計從摩天大樓的樓頂垂放下去。繩子的長度加上氣壓計的高度就等於摩天大樓的高度。」

這個別出心裁的答案把考官氣壞了，立刻就決定不讓那個學生及格。該名學生不服氣，因為他的答案毫無疑問是正確的。最後校方請了一位獨立的仲裁人來做裁量，仲裁人認為這個答案的確沒有錯，但是完全無法看出該名學生的物理學知識。

為了解決這個爭端，校方決定給那名學生六分鐘的時間，在一個委員會面前做口頭回答，來證明他至少掌握了物理學的基本知識。有五分鐘的時間，那名學生靜靜地坐在那裡發呆，一言不發。仲裁人提醒他時間就快到了，於是那名學生說他腦中已經有了好幾個可能的答案，但他無法決定要用哪一個來向委員會說明。仲裁人請他快點決定，於是他首先提出了下面這個答案：

「嗯，我可以帶著那個氣壓計到摩天大樓的屋頂上，讓氣壓計從屋頂邊緣往地面墜落，接著我計算它墜落到地面所需要的時間，利用『高度＝二分之一×重力加速度×時間的平方』這個公式，就能計算出大樓的高度。不過這樣做對那個氣壓計可不太好。」

接著他說：

「或者，假設當時有陽光，那我就可以先量出氣壓計的高度，接著把氣壓計豎立在地上，量出它的影子有多長。然後我再量出那座摩天大樓的影子有多長。有了這些數據，就能用算術的比例式計算出大樓的高度。」

然後他又補充：

「不過，如果各位堅持要得到一個科學的答案，我們可以把那個氣壓計綁在一根短繩上，像個鐘擺一樣來回擺動，首先在地面上，然後在大樓的屋頂上。藉由『重力性還原力 T ＝ 2pi 平方根（1/g）』的公式來計算出大樓的高度。」

他繼續說：「不過，也還有別的辦法。假如那座摩天大樓的外牆有逃生梯的話，那麼只要順著梯子爬上去，一邊把氣壓計的高度在外牆上標示出來，一個一個往上疊，到最後計算出總共有幾個氣壓計的高度，就能得出大樓的高度。而如果各位只想聽到那個無聊的標準答案的話——你們當然可以用氣壓計量出地面上和大樓屋頂上的氣壓，把毫巴的差距換算成公分，就能得出大樓的高度。可是，既然我們一向被教導要做自由思考，以科學化的方式來學習，最好的辦法毫無疑問是去按大樓管理員的門鈴，跟他說：『如果你告訴我這座摩天大樓有多高，我就把這個漂亮的氣壓計送給你。』」

據說這個學生就是尼爾斯・波爾（Niels Bohr），至今唯一獲頒諾貝爾物理獎的丹麥人。

我不知道這場考試進行的情形是否果真如此，但無論如何，這個故事清楚地告訴我們：**要達成一個目標，總是有許多種途徑**。

這是我想提供給各位的另一件事實，在學習訓練心靈時，這一點具有激勵的作用。每一個問題的解決之道都不止一個。許多人所犯的錯誤是，只因為無法藉由某個特定的方法來達成目標，他們就放棄了這些目標，而不是去改變方法以獲得自己所希望的結果。

這並不表示為達目的可以不擇手段，正好相反，如同心理學家塞吉・金恩博士所說的，手段讓目的變得正當。

因此，如果你發現你可以用正面暗示來達成目標，那就去使用這種輔助工具。如果你看出這些方法對你來說沒有用處，那就改用別種方法來激勵自己。重點在於找到適合你的工具。我希望我向各位指出了足夠的輔助工具，各位可以從中選擇適合的來使用，也可以發展出另一條途徑來。

但是，請各位也要銘記在心：藉由肆無忌憚的手段得到的成功，很可能會導致其他人在對待你時也肆無忌憚。如果你靠著熱心助人來達成目標，那麼周圍的人一定也會樂意幫助你。分寸掌握在你自己手上。

在〈語言創造出現實〉那一篇（第一五〇頁），我提到有些江湖騙子使用特定的技巧向不明就裡的受害者斂財。但這不表示世上沒有那種能夠憑直覺準確估量對方，並且藉此來追求有意義的目標的人。請各位也將這一點納入考量。我們不能做籠統的判斷。雖然我們無法準確地解釋直覺的力量，但這種力量的確能發揮作用。

在中古時代最黑暗的時期，女巫被燒死的年代，被懷疑為女巫的女子被迫接受下述的考驗：她們的雙臂雙腿被綁住，從一座橋上被扔進河裡。如果女子沉下去，那麼她就不是女巫，若身體浮在水面上，那麼這女子就被認為跟魔鬼有關係，就會被燒死。

西班牙有一名宗教審判官認為這個方法還不夠周全，因此有了下面這個點子：他把六顆黑球和一顆白球放在一個不透明的袋子裡，被指控為女巫的女子可以從袋中拿出一顆球。如果拿出的是黑球，她就會被燒死；如果拿到白球，她就可以自由離開。請別問我這樣一種檢驗女巫的方法有什麼邏輯，其實這一切根本就沒有什麼道理。但是當時的人顯然並不在乎邏輯，更不在乎真相。換做是各位，持有你們正在讀的這本書就可能讓你們遭到控告，至於我在那個時代的下場，我連想都不敢想……順帶一提，根據文獻資料，那些遭到控訴的女子當中有四分之三抽出了白球！沒有人知道為什麼會這樣。

一八九八年，一本名為《徒勞無功》（Futility）的書出版了，作者是摩根·羅伯森（Morgan Robertson）。他在書中描寫了他那個時代最大的豪華郵輪沉沒的故事。他在書中虛構的那艘船有八百八十二呎長，重達六萬六千噸，船上有三千名乘客與船員，甲板上的救生艇卻嚴重不足，只有二十四艘。根據小說的敘述，那艘船被認為不可能沉沒。最妙的是：羅伯森把那艘船命名為「泰坦」（Titan）！

「鐵達尼號」（Titanic）在拍成電影之後無人不知，這艘船在一九一二年是當年最大的客輪，長八百呎，重達七萬噸，船上共有三千三百六十人，而且船上只有二十艘救生艇……

一個人怎麼可能在真實沉船事件發生的十四年前（在李奧納多狄卡皮歐和凱特溫斯蕾成為銀幕情侶的一百年前）寫出這樣的故事？純屬巧合嗎？我不知道！

再舉一個例子：有一次，我哥哥開車去我爸爸的診所接他，不小心讓我們家的貓溜進了車裡。當我爸爸打開車門時，貓就從車子裡跳出去跑走了。我爸爸的診所距離我們家大約有五公里，雖然我們家的貓之前從不曾去過那間診所（牠也沒有理由去！），而且診所位在市區，對於貓咪來說是很不友善的地方，幾天之後，餓壞了的牠卻又回到我們家。牠怎麼會認得回家的路？至今沒有人能夠向我解釋牠的認路能力！

藉由這些故事，我想告訴各位的是：

無論在任何情況下，事情的可能性都遠超過你的想像！

科學家也必須對這個事實低頭，包括尼爾斯・波爾。有一天，他跟一位科學家朋友一起登山健行，前往他的山中小屋。抵達之後，他朋友立刻注意到波爾把一個馬蹄鐵掛在門上保平安。他非常驚訝像波爾這樣理性而傑出的科學家居然會遵從這種習俗，於是對波爾說：「你不會是真的相信這種無稽之談吧?!」

波爾回答：「當然不是……儘管如此，它還是有用。」

結語——

原來你是這麼想

在這本書裡，我對讀者非常誠實，告訴了各位許多我人生的小故事，也和各位分享了許多想法，目的在於把我的技能透露給各位。書中所說的一切對我來說都是每日的現實和例行公事。一如各位所知，我並非科學家，我只是做演講、舉辦研習、表演節目，讓大家分享我的知識，並且娛樂大家。

書中所介紹的心靈訓練方法都被我應用在日常生活中，而且已經帶給我許多用處，但願這些方法也能在各位的日常生活中產生效果，有助於各位將來的發展，並建立幸福美滿的人生。

重新再讀這些內容，我注意到自己雖然描述了許多技巧，卻沒有加以解釋。本書的重點也不在證明一切，而是在於幫助各位變得更敏感。只要你們能夠不心懷成見地觀察事物（這極為困難，而且需要專心訓練），將會看出世界還有另一番面貌，至於由此所感受到的事物會起什麼樣的作用，就留待各位自行衡量了。

國家圖書館出版品預行編目資料

我知道你在想什麼：80萬人都說讀的史上最強讀心術！26個關鍵練習，讓朋友更愛你、情人跟定你、客戶買你帳、老闆對你另眼相看！/ 托爾斯登・哈芬納著；姬健梅譯. -- 初版. -- 臺北市：平安文化, 2013. 04
面；公分. --（平安叢書；第411種）（溝通句典；36）
譯自：ICH WEISS, WAS DU DENKST
ISBN 978-957-803-861-5(平裝)

1.行為心理學 2.讀心術

176.8　　102004310

平安叢書第0411種

溝通句典 36

我知道你在想什麼

80萬人都說讀的史上最強讀心術！
26個關鍵練習，讓朋友更愛你、情人跟定你、客戶買你帳、老闆對你另眼相看！

ICH WEISS, WAS DU DENKST

作　　者—托爾斯登・哈芬納
譯　　者—姬健梅
發 行 人—平雲
出版發行—平安文化有限公司
台北市敦化北路120巷50號
電話◎02-27168888
郵撥帳號◎18420815號
皇冠出版社(香港)有限公司
香港上環文咸東街50號寶恒商業中心
23樓2301-3室
電話◎2529-1778　傳真◎2527-0904
美術設計—王瓊瑤
著作完成日期—2009年
初版一刷日期—2013年04月
初版十一刷日期—2020年01月
法律顧問—王惠光律師

讀者服務傳真專線◎02-27150507
電腦編號◎342036
ISBN◎978-957-803-861-5
Printed in Taiwan
本書定價◎新台幣250元/港幣83元